D1843862

AUFLAUFEN LASSEN

DER AUFLAUF AN SICH IST VÖLLIG VERKANNT! Da staunen Sie, liebe Leser, nicht wahr? Das ist ein Kracher, eine Aussage geradezu in Stein gemeißelt, ein Monolith von einem Satz. Und doch enthält er eine zärtliche, zerbrechliche Wahrheit. Die Geschichte des Auflaufs ist eine Geschichte des Übriggebliebenen, der Resteverwertung, des Zweckessens. Er wurde erfunden in dunklen Zeiten und alles, das sich überbacken ließ, fand in ihm eine neue Heimat. Er war die Speise für alle, die schnell ein paar Zutaten zusammenwerfen, aber ansonsten nicht viel mit dem Kochen zu tun haben wollten. Das hat den Ruf des Auflaufs auf viele Jahre beschädigt und das war böses Unrecht. Zum Glück sind wir heute gerechter. Natürlich können auch wir am Prinzip Auflauf nichts grundlegend ändern, natürlich schütten auch wir schnell ein paar Zutaten zusammen, natürlich überbacken auch wir das alles. Aber wir tun es mit Stil!

Ihre Redaktion »essen & trinken Für jeden Tag«

Pizza Margherita

Schlichter und schneller geht's nicht. Deshalb auch gleich drei rasante Varianten – mit Käse, mit Wurst und mit Rauke

Für 2 Portionen:

- 2 Zwiebeln
- 2 Knoblauchzehen
- 2 El Olivenöl
- 500 g stückige Tomaten (Dose)
- 1 Tl getrockneter Oregano
- Salz
- Pfeffer
- Zucker
- 1 Beutel Fix-Teig für Pizza (230 g)
- 150 g reife Tomaten
- 1 Kugel Mozzarella (125 g)
- 1 Handvoll Basilikumblätter

1 Zwiebeln und Knoblauch würfeln, im Öl andünsten. Tomatenstücke, Oregano, Salz, Pfeffer und Zucker zugeben. Offen bei mittlerer Hitze 20 Min. kochen lassen. Evtl. nachwürzen, abkühlen lassen. Pizzateig mit 125 ml Wasser nach Packungsanweisung verkneten.

2 Teig auf bemehlter Fläche rund ausrollen (30 cm Ø), auf ein geöltes Blech legen. Hälfte der Tomatensauce daraufgeben (Rest anderweitig verwenden; passt zu Pasta). Tomaten und Mozzarella in Scheiben darauf legen. Salzen und pfeffern.

3 Im vorgeheizten Ofen bei 250 Grad auf der untersten Schiene 15–20 Min. backen (Umluft 220 Grad). Mit Basilikum bestreuen.

* **Zubereitungszeit:** 50 Minuten (plus Kühlzeit)
Pro Portion: 23 g E, 37 g F, 80 g KH = 758 kcal (3168 kJ)

RAUKE UND SCHINKEN
Auf die fertig gebackene Grundpizza 4 Scheiben Schinken, 30 Gramm Rauke und Parmesan legen.

QUATTRO FORMAGGI
Pizzarezept (ohne Basilikum) jeweils im Kreis mit Mozzarella, je 50 g geraspeltem Gouda, Bergkäse und zerbröckeltem Gorgonzola belegen. Dazu 30 g schwarze Oliven. Wie oben backen und mit 1 El gehackter Petersilie bestreuen.

WURST-KAPERN-PIZZA
Pizzarezept (ohne Basilikum) mit 1 Zwiebel in feinen Ringen und 1 El abgetropften Kapern belegen, wie oben backen. 5 Min. vor Ende der Backzeit 100 g Fleischwurst in Scheiben darauflegen, mitbacken. Mit 1 El Schnittlauchröllchen bestreut servieren.

Pizzateig

Es muss nicht immer Fertigteig sein: hier das Rezept für den echten, selbst gemachten Pizzateig

Für 1 Grundrezept: 1 250 g **Mehl** in eine Schüssel geben, in die Mitte eine Mulde drücken, 20 g **frische Hefe** hineinkrümeln (oder 1 Tüte Trockenhefe, 7 g). 150 ml lauwarmes Wasser zugießen und vom Rand her mit den Knethaken des Handrührers verkneten. ¼ Tl Salz und 6 El **Olivenöl** zugeben und alles zu einem glatten Teig verkneten.
2 Zugedeckt an einen warmen Ort (z. B. in den auf 40 Grad vorgeheizten Ofen) stellen und auf das doppelte Volumen aufgehen lassen (ca. 40 Min.). Dann nach Rezept weiterarbeiten.

* **Zubereitungszeit:** 50 Minuten
Pro Portion: 7 g E, 16 g F, 44 g KH = 347 kcal (1451 kJ)

Spinat-Pizza

Spinat und Gorgonzola gehören zusammen wie Spaghetti und Parmesan. Auch auf einer Pizza mit Tomaten beweisen sie das

Für 2 Portionen: 1 450 g **TK-Blattspinat** nach Packungsanweisung auftauen lassen, dann sehr gut ausdrücken. 1 **Zwiebel** fein würfeln, mit 1 durchgepressten **Knoblauchzehe** in 3 El **Olivenöl** glasig dünsten. Spinat zugeben, mit Salz, Pfeffer und **Muskat** kräftig würzen.
2 1 Beutel **Pizza-Teig** (230 g) mit 125 ml lauwarmem Wasser verkneten. In 2 Hälften teilen. Auf einer bemehlten Fläche auf je ca. 22 cm Ø ausrollen. Auf ein mit Backpapier belegtes Blech setzen. Mit Spinat, 150 g **Kirschtomaten** und 150 g grob zerbröckeltem **Gorgonzola** belegen. **3** Im vorgeheizten Ofen bei 250 Grad (Umluft nicht empfehlenswert) auf einem Rost direkt auf dem Ofenboden 15 Min. backen. 30 g **Pinienkerne** in einer Pfanne ohne Fett anrösten, auf die Pizzen streuen.

* **Zubereitungszeit:** 40 Minuten **Pro Portion:** 34 g E, 66 g F, 79 g KH = 1059kcal (4430 kJ)

Primavera-Pie

So kommen zarte Gemüse bestens unter die Haube: mit Kerbel, Béchamelsauce und knusprig-mürben Haselnuss-Streuseln

Für 6 Portionen:
50 g gemahlene Haselnüsse
125 g Mehl
Salz
125 g Butter (kalt, in kleinen Stücken)
500 g Kohlrabi
300 g Möhren
250 g grüner Spargel
100 g Zuckerschoten
2 kleine rote Zwiebeln
1 El Kerbel (gehackt)
weißer Pfeffer
175 g Gouda
250 ml Béchamelsauce (Tetrapak)

SCHNELLE TEIGKRÜMEL
Mit dem Kartoffelstampfer lassen sich die Zutaten schnell und bequem zum Krümelteig zerdrücken.

1 Die gemahlenen Haselnüsse, Mehl und 1 Prise Salz in einer Schüssel mischen. Die Butter in kleinen Stücken dazugeben, mit den Händen zerreiben oder mit dem Kartoffelstampfer zu einem krümeligen Teig zerdrücken.

2 Kohlrabi und Möhren putzen und in 3 cm lange Stäbchen schneiden. Das untere Drittel vom Spargel schälen, die Enden abschneiden. Stangen quer halbieren. Zuckerschoten putzen und quer halbieren. Zwiebeln in feine Streifen schneiden.

3 Möhren und Kohlrabi in Salzwasser 6 Min. kochen, nach 3 Min. Spargel, nach weiteren 2 Min. die Zuckerschoten und Zwiebeln dazugeben. Dann abgießen. Gemüse abschrecken und abtropfen lassen. In einer Schüssel mit dem Kerbel mischen, salzen und pfeffern.

4 Gemüse in eine gefettete Auflaufform geben. Käse reiben, mit der Béchamel mischen und über das Gemüse geben.

5 Den Teig locker über dem Gemüse verteilen. Im vorgeheizten Ofen bei 200 Grad (Umluft 180 Grad) auf der 2. Schiene von unten 30 Min. backen.

* **Zubereitungszeit:** 1 Stunde
Pro Portion: 13 g E, 40 g F, 22 g KH = 499 kcal (2092 kJ)

7

Nudelschnitten

Der flache Mini-Auflauf macht als Beilage nicht nur optisch viel her, sondern auch geschmacklich: Die Nudeln sind mit Chili-Gouda gewürzt

Für 2 Portionen: 1 200 g **breite Bandnudeln** nach Packungsanweisung in Salzwasser kochen, abschrecken und abtropfen lassen. 80 g **Chili-Gouda** grob raspeln. Von 2 **Frühlingszwiebeln** das Weiße und Hellgrüne in feine Ringe schneiden. Nudeln, 50 g **Käse** und Zwiebeln in eine flache, gefettete Auflaufform (25 x 15 cm) schichten. **2** 2 **Eier** (Kl. M), 150 ml **Milch**, etwas Salz, Pfeffer und **Muskat** verquirlen, darübergießen. Mit restlichem Käse bestreuen. Nudelschnitten im vorgeheizten Ofen bei 200 Grad (Umluft 180 Grad) auf der untersten Schiene 20–25 Min. backen, in Stücke schneiden.

* **Zubereitungszeit:** 45 Minuten **Pro Portion:** 33 g E, 24 g F, 74 g KH = 648 kcal (2718 kJ)

Pizza provençale

Das grenzt an ein Wunder: die Verwandlung von fertigem Brötchenteig in knusprige kleine Super-Pizzen

Für 4 Portionen: 1 2 **Zwiebeln** und 1 **Knoblauchzehe** in feine Streifen schneiden, in 2 El **Olivenöl** 10 Min. andünsten. 150 g **Zucchini** in dünne Scheiben schneiden, mit 1 Tl **Kräutern der Provence** nach 5 Min. zu den Zwiebeln geben und mitdünsten. Mit Salz und Pfeffer würzen. **2** 100 g **Kirschtomaten** halbieren. 1 Pk. **Knack-&-Back-Sonntagsbrötchen** (4 Stk.) entrollen. Teigstücke auf Mehl je 10 cm Ø groß ausrollen. Auf ein gefettetes Blech legen, mit je ½ El **Paprikamark** bestreichen, mit Zwiebelmischung, Kirschtomaten und 30 g **schwarzen Oliven** belegen. **3** Im vorgeheizten Ofen bei 220 Grad auf der untersten Schiene 20 Min. backen (Umluft 200 Grad).

* **Zubereitungszeit:** 40 Minuten
  Pro Portion: 6 g E, 9 g F, 34 g KH = 240 kcal (1010 kJ)

Kürbis-Flammekuchen

Knuspriger Teig mit einem Belag, der ins Auge sticht: Knallgelber Kürbis und rosafarbener Speck ergeben einen äußerst appetitlichen Anblick

Für 2 Portionen:

250 g Ciabatta-Brotbackmischung

3 El Olivenöl

300 g Kürbis

4 schlanke Frühlingszwiebeln

150 g Ziegenfrischkäse

3 El Milch

Salz

Pfeffer

80 g Südtiroler Speck

1 Brotteig nach Packungsanweisung mit 120 ml warmem Wasser und 1 El Öl zubereiten, an einem warmen Ort 40 Min. gehen lassen. Ofen und Pizzastein bei 250 Grad (Umluft 220 Grad) vorheizen.

2 Kürbis entkernen, schälen und das Fruchtfleisch fein hobeln. Frühlingszwiebeln putzen und das Weiße und Hellgrüne schräg in dünne Ringe schneiden. Ziegenkäse und Milch verrühren. Grüne Frühlingszwiebelringe untermischen.

3 Teig in 2 Portionen teilen, auf der bemehlten Arbeitsfläche 2 mm dünn ausrollen. 1 Teigfladen auf einen bemehlten Holzschieber legen. Mit der Hälfte vom Käse bestreichen und mit je der Hälfte vom Kürbis und von den weißen Frühlingszwiebelringen belegen. Salzen, pfeffern und mit 1 El Öl beträufeln.

4 Flammekuchen mit dem Holzschieber auf den heißen Stein geben und 12–14 Min. backen. Nach dem Backen mit 40 g Speck belegen. Aus der anderen Teighälfte und den restlichen Zutaten einen weiteren Flammekuchen backen.

Tipp Wer keinen Pizzastein besitzt, heizt ein Blech vor. Den Fladen auf Backpapier geben und belegen. Mit dem Papier auf das heiße Blech ziehen.

* **Zubereitungszeit:** 1 Stunde (plus Zeit zum Gehen)
Pro Portion:
28 g E, 52 g F, 100 g KH = 984 kcal (4146 kJ)

PRAKTISCHER SCHIEBER

Mit dem Holzschieber wird der Flammekuchen in den Ofen befördert. Streuen Sie viel Mehl auf die Arbeitsfläche, dann löst sich der Teig leichter. Der Schieber ist vorn abgeflacht, damit man leicht unter die Backwaren fahren kann.

Krautauflauf

Deftiger Sattmacher: Ein halbes Stündchen Vorbereitung genügt, der Rest erledigt sich fast von allein

Für 2 Portionen: 1 500 g **Kartoffeln** schälen und in 2 mm dicke Scheiben schneiden. In 300 ml **Milch**, 200 ml **Schlagsahne**, 1 **Lorbeerblatt** und ½ Tl Salz unter Rühren 10 Min. bei mittlerer Hitze kochen und beiseite stellen. 1 Dose **Sauerkraut** (580 g EW) in einem Sieb abtropfen lassen. 1 mittelgroße **Zwiebel** grob würfeln. **2** 1 El **Öl** in einer Pfanne erhitzen, die Zwiebeln darin glasig dünsten. 200 g **gemischtes Hack** zugeben und 4–5 Min. krümelig anbraten. Mit Salz, Pfeffer und ½–1 Tl **edelsüßem Paprikapulver** würzen. Sauerkraut und 1 Tl **Kümmel** zugeben, 3–5 Min. bei mittlerer Hitze mitbraten, dabei gelegentlich umrühren. **3** Eine Auflaufform (15 x 15 cm) fetten. Abwechselnd Kartoffeln und Sauerkraut-Hackfleisch so in die Form schichten, dass insgesamt 4 Schichten übereinanderliegen. Mit der restlichen Sahne-Milch von den Kartoffeln übergießen und mit 3–4 El **Pizzakäse** bestreuen. **4** Im vorgeheizten Ofen bei 200 Grad (Umluft 180 Grad) auf der 2. Schiene von unten 20–25 Min. backen. Vor dem Servieren 5 Min. im ausgeschalteten Ofen ruhen lassen.

* **Zubereitungszeit:** 50 Minuten **Pro Portion:** 37 g E, 63 g F, 37 g KH = 879 kcal (3680 kJ)

Spinat-Lachs-Pizza

Sensationell luftig und edel, diese Portionspizzen aus Blätterteig, belegt mit den allerfeinsten Zutaten

Für 4 Portionen: **1** 300 g **TK-Blattspinat** mit 1 gewürfelten **Zwiebel** und 100 ml Wasser zugedeckt auftauen. Sehr gut ausdrücken und grob hacken. 150 g **Crème fraîche**, 2 **Eigelb** (Kl. M), etwas Salz, Pfeffer und 4 El gehackten **Dill** verrühren. 4 **TK-Blätterteigplatten** (à 45 g) auftauen lassen. **2** Platten auf ein gefettetes Blech legen. Hälfte der Crème fraîche darauf streichen, dabei rundherum einen 1 cm breiten Rand frei lassen. Mit dem Spinat belegen, übrige Crème fraîche daraufgeben. Im vorgeheizten Ofen bei 220 Grad auf der untersten Schiene 20 Min. backen (Umluft 200 Grad). **3** Dann mit 150 g **Räucherlachs** (in Scheiben) und ½ **unbehandelten Zitrone** (in Spalten) belegt und mit etwas Dill garniert servieren.

* **Zubereitungszeit:** 40 Minuten **Pro Portion:** 15 g E, 28 g F, 18 g KH = 383 kcal (1602 kJ)

Hähnchen-Nudelauflauf

Eine gute Idee für eilige Köche: Das Gemüse zu den Nudeln ins kochende Wasser geben. Das spart Zeit und Energie

Für 4 Portionen:
250 g Möhren
250 g Nudeln (z. B. Tortiglioni)
Salz
100 g TK-Erbsen
1 fertiges Grillhähnchen (ca. 900 g)
200 g Champignons
3 El Öl
Pfeffer
Muskat
2 Pk. Käsesahnesauce (à 250 ml)
4 Eigelb (Kl. M)
100 g Gouda (gerieben)

1 Möhren schälen, in dünne Scheiben schneiden. Nudeln in Salzwasser nach Packungsanweisung garen. Möhren 5 Min. und Erbsen 2 Min. vor Ende der Garzeit zugeben und mitkochen. Abschrecken und abtropfen lassen. Grillhähnchen häuten, Fleisch von den Knochen lösen und grob zerzupfen.

2 Champignons putzen, in Scheiben schneiden, im heißen Öl anbraten, mit Salz, Pfeffer und Muskat würzen. Die Hälfte der Nudelmischung in eine gefettete Auflaufform (ca. 30 cm Länge) geben. Käsesahnesauce und Eigelb verquirlen, die Hälfte über die Nudeln gießen. Fleisch und Champignons auf den Nudeln verteilen. Restliche Nudeln darübergeben und mit der restlichen Sauce übergießen.

3 Mit dem Käse bestreuen. Im vorgeheizten Ofen bei 200 Grad (Umluft 180 Grad) auf der 2. Schiene von unten 30–35 Min. backen.

* **Zubereitungszeit:** 50 Minuten
Pro Portion: 58 g E, 66 g F, 52 g KH = 1042 kcal (4346 kJ)

KÄSESAUCE SELBST GEMACHT
200 g Crème fraîche, 200 ml Milch, 5 Eier (Kl. M) und 70 g geriebenen Parmesan verquirlen. Mit Salz, Pfeffer und Muskat würzen. Dann wie die Fertigsauce aus dem Rezept verwenden.

Puffer-Auflauf

So treffen die Puffer auf ganz andere Art mit Äpfeln zusammen

Für 2 Portionen: 1 5 **TK-Kartoffelpuffer** (für den Ofen) auf beiden Seiten mit insgesamt 2 El **Öl** bestreichen und auf einem mit Backpapier ausgelegten Blech im heißen Ofen bei 200 Grad (Umluft 180 Grad) auf der 2. Schiene von unten 15–20 Min. backen.

2 Inzwischen 1 **Apfel** (220 g) waschen, das Kerngehäuse ausstechen. Apfel quer in 1 cm dicke Scheiben schneiden. Scheiben in 1 El **Butterschmalz** bei mittlerer bis starker Hitze auf jeder Seite 1 Min. anbraten, herausheben. 80 g **Bergkäse** reiben, die Hälfte mit 2 **Eiern** (Kl. M), 100 ml **Schlagsahne** und 5 El **Milch** verrühren. Mit 1 Tl **getrocknetem Majoran**, Salz und Pfeffer würzen.

3 Äpfel und Puffer halbieren und in eine gefettete Auflaufform (20 x 13 cm) schichten. Eier-Käse-Milch darüber verteilen. Restlichen Käse darüberstreuen. Im vorgeheizten Ofen bei 200 Grad (Umluft 180 Grad) auf der 2. Schiene von unten 25–30 Min. backen.

* **Zubereitungszeit:** 50 Minuten
Pro Portion: 24 g E, 57 g F, 41 g KH = 780 kcal (3272 kJ)

Puffer-Pizzen

Kein Teig, sondern Kartoffelpuffer als Knusperboden für die Pizza. Eine tolle Abwechslung, die auch noch einfach und schnell gemacht ist

Für 2 Portionen: **1** 4 **TK-Kartoffelpuffer** (für den Ofen) auf beiden Seiten mit insgesamt 2 El **Öl** bestreichen und auf einem mit Backpapier ausgelegten Blech im heißen Ofen bei 200 Grad (Umluft 180 Grad) auf der mittleren Schiene 15–20 Min. backen. Inzwischen 250 g mittelgroße **Tomaten** waschen und in Scheiben schneiden. 125 g **Mozzarella** in Scheiben schneiden und zwischen Küchenpapier abtropfen lassen. **2** Puffer mit je ½ Tl **Basilikum-Pesto** (Glas) bestreichen. Tomaten- und Mozzarellascheiben fächerartig auf den Puffern verteilen. Im heißen Ofen bei 220 Grad auf der mittleren Schiene 8–10 Min. überbacken (Umluft nicht empfehlenswert). 3 Pizzen evtl. leicht salzen und pfeffern und je ½–1 Tl Basilikum-Pesto darauf verteilen. Nach Belieben mit frischem **Basilikum** garnieren.

* **Zubereitungszeit:** 35 Minuten **Pro Portion:** 17 g E, 26 g F, 32 g KH = 434 kcal (1824 kJ)

Spaghetti-Quiche

Ein hinreißender würziger Kuchen, der sich auch hervorragend mit übriggebliebenen Nudeln herstellen lässt

Für 12 Stücke:

- 300 g TK-Blätterteig
- 150 g Spaghetti
- Salz
- 70 g Kirschtomaten
- 100 g gekochter Schinken
- 250 g Schmand
- 3 Eier (Kl. M)
- Pfeffer
- Muskat
- 100 g TK-Erbsen
- 100 g Gouda (gerieben)
- 3 El krause Petersilie (gehackt)

1 Blätterteig auftauen lassen. Spaghetti in reichlich kochendem Salzwasser nach Packungsanweisung garen. Abschrecken und abtropfen lassen. Kirschtomaten halbieren. Schinken würfeln. Schmand, Eier, etwas Salz, Pfeffer und Muskat verquirlen.

2 Blätterteig aufeinanderlegen, auf einer bemehlten Fläche 30 cm Ø groß ausrollen. In eine gefettete Springform (24 cm Ø) legen. Den Rand gut andrücken, den Boden mehrfach mit einer Gabel einstechen. Spaghetti, Schinken, Erbsen und 50 g Käse in die Form schichten. Den Eierguss darübergießen. Mit Tomaten belegen, mit übrigem Käse bestreuen.

3 Im vorgeheizten Ofen bei 200 Grad (Umluft 180 Grad) auf der untersten Schiene 45 Min. backen. 10 Min. ruhen lassen. Mit Petersilie bestreuen und in Stücke schneiden.

* **Zubereitungszeit:** 1:10 Stunden (plus Zeit zum Ruhen)
Pro Stück: 10 g E, 16 g F, 19 g KH = 258 kcal (1084 kJ)

NOCH LUFTIGER
Die Blätterteigplatten dünn mit Wasser bestreichen, aufeinanderlegen und ausrollen. Der Blätterteig wird so besonders luftig.

Bauernomelett

Am besten schmeckt so ein Omelett mit Kartoffeln, die bereits am Vortag gekocht wurden. Das hilft auch, Zeit zu sparen

Für 4 Portionen: 1 500 g **festkochende Kartoffeln** schrubben, in Salzwasser als Pellkartoffeln garen. Dann abschrecken, pellen und in Scheiben schneiden. 150 g **Tiroler Speckscheiben** dicht an dicht in eine Auflaufform (ca. 30 cm) legen, sodass sie etwas über den Rand der Form lappen. 150 g **Zucchini** putzen und in dünne Scheiben schneiden, 1 **Zwiebel** fein würfeln, beides mit den Kartoffeln mischen und in die Form geben. **2** 5 **Eier** (Kl. M) und 150 ml **Schlagsahne** verschlagen, mit Salz, Pfeffer, **Muskat** und **rosenscharfem Paprikapulver** würzen. In die Form gießen. Überlappenden Speck über die Kartoffeln schlagen. Im vorgeheizten Ofen bei 180 Grad (Umluft 160 Grad) auf der untersten Schiene 35–40 Min. backen, bis das Ei gestockt ist.

* **Zubereitungszeit:** 1 Stunde
Pro Portion: 19 g E, 31 g F
15 g KH = 408 kcal (1713 kJ)

Spätzle-Chili-con-carne

Kulinarische Partnerschaft zwischen Schwaben und Mexiko

Für 4–6 Portionen:
1 2 **Zwiebeln** und 2 **Möhren** fein würfeln. 3 El **Olivenöl** in einem Topf erhitzen und das Gemüse mit 100 g **Bacon-Streifen** darin andünsten. 500 g **Rinderhack** dazugeben und weitere 4 Min. braten, salzen und pfeffern. **2** Mit 3–4 El **Chili-Gewürzmischung** bestreuen und 2 El **Tomatenmark** unterrühren. 2 Dosen **Pizzatomaten** (à 400 g EW) dazugeben und alles gut mischen. 40 Min. zugedeckt sanft schmoren. **3** 10 Min. vor Ende der Garzeit 1 Dose **Kidney-Bohnen** (425 g EW) und 1 Dose **Mais** (425 g EW) abtropfen lassen und zum Chili geben.
4 500 g **Spätzle** (Kühlregal) mit dem Chili mischen und in eine ofenfeste Form geben. Mit 100 g geriebenem **Gouda** bestreuen und im vorgeheizten Ofen bei 200 Grad (Umluft 180 Grad) auf der 2. Schiene von unten 10 Min. backen.

* **Zubereitungszeit: 1 Stunde**
Pro Portion (bei 6): 50 g E, 43 g F 58 g KH = 835 kcal (3496 kJ)

Spitzkohl-Speck-Pizza

Pizza mit Kohl? Jawohl! Nichts wie ran an den Speck

Für 2 Portionen: 1 100 g **Speck** in feine Würfel schneiden. Mit 2 gewürfelten **Zwiebeln** in 1 El **Öl** knusprig braten. 500 g **Spitzkohl** putzen, in feine Streifen schneiden und zum Speck geben. 1 Min. dünsten. Salzen und pfeffern. **2 Pizzateig** wie auf Seite 4 beschrieben zubereiten (oder 1 Beutel Pizza-Teig (230 g) nach Packungsanweisung zubereiten) und auf 45 x 30 cm ausrollen. Auf ein mit **Grieß** ausgestreutes Blech legen. Mit 1 El **Olivenöl** bestreichen. **3** 2 mittelgroße **Tomaten** in Scheiben schneiden und auf den Teig legen. Die Kohlmasse darauf geben und 100 geriebenen **jungen Gouda** darauf verteilen. **4** Im vorgeheizten Ofen bei 220 Grad (Umluft 200 Grad) auf der untersten Schiene 25 Min. backen.

* **Zubereitungszeit:** 50 Minuten
Pro Portion: 40 g E, 76 g F, 105 g KH = 1266 kcal (5296 kJ)

Kraut-Tarte

Nach einem Herbstspaziergang Hunger auf Deftiges? Dann kann Ihnen nichts Besseres passieren als diese Tarte mit Sauerkraut und Hack!

Für 2 Portionen: 1 150 g **gemischtes Hack** mit Salz, Pfeffer und 1 El **edelsüßem Paprikapulver** mischen. In einer Pfanne in 1 El **Öl** 3–4 Min. krümelig braten und herausnehmen. **2** 1 **Zwiebel** in feine Streifen schneiden. In der Pfanne 1 El Öl erhitzen, die Zwiebeln darin glasig dünsten. 250 g **Sauerkraut** zugeben und unter Rühren 10 Min. dünsten. Mit Salz, Pfeffer und **Zucker** würzen. **3** 300 g **TK-Blätterteig** auf einer bemehlten Arbeitsfläche auftauen lassen. Zu einem Rechteck von 35 x 30 cm ausrollen, auf ein gefettetes Blech legen. Mit einer Gabel mehrmals einstechen und mit 1 El Öl bestreichen. 2 El **Semmelbrösel** darauf verteilen. **4** Die Krautmischung auf den Blätterteig geben. Hack darüber verteilen und im vorgeheizten Ofen bei 210 Grad (Umluft 190 Grad) auf der untersten Schiene 25 Min. backen. 1 kleinen **roten Apfel** in Stifte schneiden und mit 2 El gehackter **glatter Petersilie** auf die Tarte streuen.

*** Zubereitungszeit: 50 Minuten Pro Portion: 25 g E, 64 g F, 71 g KH = 970 kcal (4058 kJ)**

Blitz-Pizzen mit Mozzarella

Heiß, saftig, schnell und in den Farben Italiens: Fertigbrötchen bekommen einen Belag aus Mozzarella, Kirschtomaten, Pesto – und fertig!

Für 4 Stück: 1 1 El **Pinienkerne** in einer Pfanne ohne Fett rösten. 2 **Toastie-Brötchen** halbieren. Jede Hälfte mit 1 Tl **Pesto** (Glas) bestreichen. **2** 125 g **Mozzarella** gut abtropfen lassen. In Scheiben schneiden und auf die Brötchenhälften legen. Je 5 **Kirschtomaten** auf jede Pizza legen. Unter dem vorgeheizten Backofengrill auf der mittleren Schiene ca. 6 Min. überbacken. **3** Die gebackenen Pizzen mit Salz und Pfeffer würzen und mit einigen **Basilikumstreifen** und den Pinienkernen bestreuen.

Zubereitungszeit: 20 Minuten **Pro Stück:** 9 g E, 12 g F, 12 g KH = 190 kcal (798 kJ)

Blitz-Pizzen mit Salami

So schnell wie die Pizzen mit Zucchini, Mozzarella und Salami belegt sind, so schnell sind sie auch im Ofen gebacken

Für 4 Stück: 1 2 **Toastie-Brötchen** halbieren und mit je 1 Tl **Ajvar** (Paprikapaste) bestreichen. **2** 125 g **Mozzarella** gut abtropfen lassen. In Scheiben schneiden und auf die Brötchenhälften legen. 1 kleine **Zucchini** raspeln, leicht salzen und pfeffern und auf dem Mozzarella verteilen. **3** 75 g **Salami** in Streifen schneiden und auf die Pizzen geben. Unter dem vorgeheizten Backofengrill auf der 2. Schiene von unten ca. 6 Min. überbacken.

* **Zubereitungszeit:** 15 Minuten **Pro Stück:** 13 g E, 14 g F, 12 g KH = 218 kcal (414 kJ)

Kartoffelgratin mit Zucchini

Knusprig goldbraun außen, innen cremig-aromatisch – ein Traum aus der Kartoffelküche mit dem Zeug zum Leibgericht

Für 4 Portionen:

750 g festkochende Kartoffeln

500 g Zucchini

200 g gekochter Schinken (in 5 mm dicken Scheiben)

Salz

Pfeffer

1 Zwiebel

20 g Butter

400 ml Schlagsahne

Muskat (frisch gerieben)

60 g Parmesan (frisch gerieben)

1 Kartoffeln schälen und in 5 mm dicke Scheiben hobeln. Zucchini putzen und in 5 mm dicke Scheiben hobeln. Schinken in 5 cm breite Streifen schneiden. Alles dachziegelartig in eine gefettete flache Auflaufform schichten, zwischendurch salzen und pfeffern.

2 Zwiebel fein würfeln, in der heißen Butter glasig dünsten. Sahne zugeben, aufkochen und auf die Hälfte einkochen lassen. Mit Salz, Pfeffer und Muskat würzen. Hälfte des Parmesans in die Sahne rühren und über das Gratin geben. Restlichen Käse darüberstreuen.

3 Im vorgeheizten Ofen bei 180 Grad (Umluft 160 Grad) auf der 2. Schiene von unten 40 Min. backen. Nach 30 Min. evtl. mit Backpapier abdecken.

* **Zubereitungszeit:** 1 Stunde
Pro Portion: 22 g E, 42 g F, 29 g KH = 582 kcal (2439 kJ)

WERKZEUG
Der ganz gewöhnliche Gemüsehobel liefert absolut gleichmäßige Scheiben für das Gratin.

Fladenbrot-Pizza

Wenn's schnell gehen muss und trotzdem etwas Üppiges auf den Tisch soll: türkisches Fladenbrot, mit Fleisch und Mozzarella belegt

Für 2 Portionen: 1 ½ **türkisches Fladenbrot** vierteln und quer halbieren, sodass 8 Stücke entstehen. Mit der Schnittfläche nach oben auf ein Backblech legen und im vorgeheizten Ofen auf der 2. Schiene von unten bei 200 Grad (Umluft 180 Grad) 5 Min. rösten, abkühlen lassen. **2** 2 El fein gewürfelte **Zwiebeln**, 300 g **Rinderhack** und ½ Tl **Kräuter der Provence** in 2 El heißem **Öl** 4–5 Min. bei starker Hitze braten, salzen und pfeffern und beiseite stellen. **3** Fladenbrot dünn mit 40 g **Knoblauchbutter** bestreichen. 300 g **Tomaten** und 250 g abgetropften **Mozzarella** in Scheiben schneiden und mit dem Hack auf dem Fladenbrot verteilen. Im vorgeheizten Ofen auf der 2. Schiene von unten bei 220 Grad (Umluft 200 Grad) 8–10 Min. überbacken. Mit abgezupften **Basilikumblättern** bestreuen.

* **Zubereitungszeit:** 35 Minuten **Pro Portion:** 64 g E, 74 g F, 65 g KH = 1180 kcal (4943 kJ)

Gemüseauflauf

Vegetarier dürfen sich freuen auf Broccoli, Blumenkohl, Kohlrabi, Möhren und Erbsen mit cremiger Béchamel – Fleischesser auch

Für 2 Portionen: 1 Je 250 g **Broccoli** und **Blumenkohl** in Röschen teilen. Je 150 g **Möhren** und **Kohlrabi** schälen und in Scheiben schneiden. Gemüse nacheinander in kochendem Salzwasser 2–3 Min. bissfest garen, abschrecken und abtropfen lassen. **2** 250 ml **Béchamelsauce** (Tetrapak) mit 100 ml **Schlagsahne** aufkochen, 100 g **TK-Erbsen** dazugeben und mit Salz, Pfeffer und **Muskat** würzen. Sauce in eine ofenfeste Form gießen und das Gemüse darauf verteilen. 1 El **Semmelbrösel** mit 2 El **Parmesan** und 1 El **Olivenöl** mischen und auf das Gemüse geben. **3** Im vorgeheizten Ofen bei 190 Grad (Umluft nicht empfehlenswert) auf der 2. Schiene von unten 40 Min. backen.

* **Zubereitungszeit:** 1 Stunde
Pro Portion: 17 g E, 51 g F, 26 g KH = 628 kcal (1646 kJ)

Karibische Pizza

Die Pizza gehört schon längst nicht mehr nur den Italienern. Sie ist sozusagen zum Weltkulturerbe erklärt worden

Für 4–6 Portionen:
1 Pk. Fixteig für Pizza (460 g)
Mehl und Öl zum Bearbeiten
1 Dose Pizzatomaten (400 g EW)
Salz
Pfeffer
Zucker
2 El Olivenöl
125 g Mozzarella (möglichst Büffelmozzarella)
125 g Bacon
1 Mango (400 g)
20 Kirschtomaten

1 Fixteig für Pizza nach Packungsanweisung zubereiten.

2 Auf einer bemehlten Arbeitsfläche zu einem Rechteck von 40 x 35 cm ausrollen und auf ein geöltes, mit Mehl bestreutes Blech legen.

3 Pizzatomaten salzen, pfeffern und leicht zuckern. Das Olivenöl auf den Pizzaboden streichen. Die Tomaten darauf verteilen.

4 Mozzarella abtropfen lassen, in Stücke zupfen und auf den Tomaten verteilen. Baconstreifen quer halbieren, Mango schälen, vom Stein und in Streifen schneiden. Bacon und Mango auf den Tomaten verteilen.

5 Kirschtomaten auf der Pizza verteilen. Alles im vorgeheizten Ofen bei 220 Grad (Umluft 195 Grad) auf der untersten Schiene ca. 35 Min. backen.

* **Zubereitungszeit:** 50 Minuten
Pro Portion (bei 6): 14 g E, 28 g F
58 g KH = 550 kcal (2303 kJ)

BÜFFEL ODER KUH?
Mozzarella aus Kuhmilch ist sehr mild. Mozzarella aus Büffelmilch hat mehr Aroma, ist aber auch viel teurer. Trotzdem: Ausprobieren lohnt!

Lyoner Gratin

Das Raffinierte hier ist die feine Dosis Schärfe vom Meerrettich

Für 4 Portionen: 1 800 g **Kartoffeln** waschen, ungeschält in Salzwasser kochen. 400 g **Porree** putzen, das Weiße und Hellgrüne in feine Ringe schneiden.
In 2 El zerlassener **Butter** 3 Min. dünsten. Mit Salz, Pfeffer und **Muskat** würzen. 300 g **Lyoner** (Fleischwurst) in 5 mm dicke Scheiben schneiden. Kartoffeln abschrecken, pellen und in 5 mm dicke Scheiben schneiden. **2** 250 ml **Béchamelsauce** (Tetrapak), 4 Tl **Tafelmeerrettich**, 1 **Eigelb** (Kl. M), etwas Salz, Pfeffer und 2 Tl **Zitronensaft** verrühren. ⅓ der Sauce in 4 Formen (à ca. 15 cm Ø) oder 1 große feuerfeste Form (ca. 35 cm Länge) geben. Kartoffeln, Wurst und Porreemischung abwechselnd darauf schichten. Restliche Sauce darüber verteilen. Im vorgeheizten Ofen bei 190 Grad (Umluft 170 Grad) auf der 2. Schiene von unten 18–20 Min. backen.

Zubereitungszeit: 50 Minuten
Pro Portion: 16 g E, 40 g F, 25 g KH = 521 kcal (2188 kJ)

Blumenkohlauflauf mit Curry

Erstaunlich, wie raffiniert Blumenkohl, Kartoffeln und gekochter Schinken auftreten, wenn man Curry ins Spiel bringt

Für 4 Portionen: 1 1 kleinen **Blumenkohl** (ca. 1 kg) waschen, putzen und in Röschen zerteilen. 1 große **Kartoffel** (ca. 200 g) schälen, waschen und in ca. 1,5 cm große Würfel schneiden. Blumenkohl und Kartoffeln in einen Topf geben und knapp mit Wasser bedecken. 5 El **Milch** und ½ Tl Salz ins Kochwasser geben, zum Kochen bringen und ca. 5–8 Min. kochen. Abgießen. **2** 2 El **Butter** in einem kleinen Topf zerlassen. 2 El **Mehl** darüberstäuben und bei mittlerer Hitze 2–3 Min. unter Rühren anschwitzen. 1½ El **mildes Currypulver** kurz mitdünsten. Mit 300 ml Milch und 200 ml **Hühnerbrühe** aufgießen und glatt rühren. Bei milder Hitze unter Rühren 5 Min. kochen lassen. Mit Salz, Pfeffer und 1 El **Zitronensaft** abschmecken. Sauce beiseite stellen. **3** 150 g **gekochten Schinken** grob würfeln. Eine Auflaufform (25 x 15 cm) fetten. Schinken, Kartoffeln, Blumenkohl und 100 g **TK-Erbsen** mischen und in die Auflaufform geben. Mit der Currysauce übergießen und im vorgeheizten Ofen bei 175 Grad (Umluft 160 Grad) auf der 2. Schiene von unten 20–25 Min. überbacken.

* **Zubereitungszeit:** 45 Minuten **Pro Portion.** 16 g E, 11 g F, 20 g KH – 243 kcal (1020 kJ)

Exotenpizza

Wenn das weihnachtliche Winterwetter einsetzt, träumen wir uns in entfernte Länder. Wer eine Exotenpizza isst, bleibt aber auch gern daheim

Für 4 Portionen:
1 Pk. Pizzateig (36 x 27 cm, Kühlregal)
2 El Olivenöl
3 El Ajvar (Paprikapaste)
1 reife Mango (ca. 375 g)
2 rote Zwiebeln
100 g Butterkäse
350 g Schweinefilet
Salz
Pfeffer
1 El Currypulver
5–6 Stiele Koriandergrün

1 Pizzateig auf ein mit Backpapier belegtes Blech legen. Erst mit 1 El Olivenöl, dann mit Ajvar bestreichen.

2 Mango schälen und in mundgerechte Scheiben schneiden. Rote Zwiebeln in feine Ringe schneiden. Käse in Streifen schneiden. Pizza mit den vorbereiteten Zutaten belegen.

3 Im vorgeheizten Ofen bei 215 Grad auf der untersten Schiene 25 Min. backen (Umluft nicht empfehlenswert).

4 Inzwischen das Schweinefilet in dünne Scheiben schneiden, salzen und pfeffern. In einer Grillpfanne in 1 El Olivenöl von jeder Seite kurz anbraten. Pizza 5 Min. vor Ende der Garzeit mit dem Fleisch belegen und mit Curry bestreuen.

5 Die gebackene Pizza mit Koriandergrün belegen.

* **Zubereitungszeit:** 50 Minuten
Pro Portion:
31 g E, 34 g F, 53 g KH = 663 kcal (2770 kJ)

EXOTISCHE MANGO
Die tropische Steinfrucht gibt es in mehreren hundert Sorten. Bei uns werden meist Mangos mit festem gelbem Fleisch und süß-säuerlichem Geschmack angeboten. Bevor Sie eine Mango kaufen, sollten Sie das Fruchtfleisch mit dem Finger ein wenig andrücken. Wenn es leicht nachgibt, ist die Mango reif.

Würzige Tortilla

So etwas wie ein mediterranes Bauernfrühstück. Besonders einfach, wenn Sie vom Vortag noch Kartoffeln übrig haben

Für 2 Portionen: 1 400 g **festkochende Kartoffeln** waschen und in kochendem Salzwasser garen. 200 g **Zucchini** putzen und in dünne Scheiben schneiden. 1 **Zwiebel** und 1 **Knoblauchzehe** hacken. 3 **Eier** (Kl. M), 200 ml **Milch**, etwas Salz, Pfeffer und ½ Tl **rosenscharfes Paprikapulver** verquirlen. **2** Kartoffeln pellen und in Scheiben schneiden. 2 El **Olivenöl** in einer beschichteten Pfanne (20 cm Ø) erhitzen, Zucchini, Zwiebeln, Knoblauch und 2 El **Mandelblättchen** darin anbraten, mit Salz und Pfeffer würzen, herausnehmen. Kartoffeln in 2 El Olivenöl anbraten, mit Salz und Pfeffer würzen. Zucchinimasse untermischen. **3** Eiermasse darübergießen. Im vorgeheizten Ofen bei 180 Grad (Umluft 160 Grad) auf der 2. Schiene von unten 20–25 Min. stocken lassen (Pfannenstiel aus Kunststoff mit Alufolie umwickeln). Kurz ruhen lassen, aus der Pfanne stürzen.

* **Zubereitungszeit:** 45 Minuten
Pro Portion: 22 g E, 39 g F, 32 g KH = 571 kcal (2396 kJ)

Schmandfladen

Schlicht überzeugend: Braten Sie Brotteig in der Pfanne und genießen Sie den krossen Fladen mit einem cremigen Schmand-Zwiebel-Belag

Für 4 Portionen: 1 Aus 250 g **Backmischung für Roggenmischbrot** nach Packungsanweisung einen Brotteig herstellen. An einem warmen Ort ca. 30 Min. gehen lassen. 250 g **Schmand** mit 2 El **Schnittlauchröllchen**, Salz, Pfeffer und 1 Prise **edelsüßem Paprikapulver** glatt rühren. Das Weiße und Hellgrüne von 4 **Frühlingszwiebeln** in dünne Ringe schneiden. **2** Teig erneut gut durchkneten, zu 4 gleich großen Kugeln formen und auf einer bemehlten Fläche zu dünnen runden Fladen (ca. 23 cm Ø) ausrollen. Eine beschichtete Pfanne erhitzen und die Fladen darin bei mittlerer Hitze nacheinander von jeder Seite ca. 3–4 Min. backen. **3** Nach dem Wenden jeweils ¼ vom Schmand auf den Fladen verteilen. Mit Frühlingszwiebeln bestreuen und die Fladen in mundgerechte Stücke schneiden.

* **Zubereitungszeit:** 45 Minuten (plus Zeit zum Gehen)
Pro Portion: 8 g E, 15 g F, 49 g KH = 372 kcal (1568 kJ)

Vegetarische Moussaka

Unter Ihren Händen verwandelt sich ein richtig schwerer Brocken der griechischen Küche in eine extraleichte Delikatesse

Für 2 Portionen:

200 g Kartoffeln

Salz

400 g Auberginen

200 g Zucchini

1 El Öl

1 Knoblauchzehe

1 Dose Pizzatomaten (400 g EW)

Pfeffer

150 g Magerquark

1 Eigelb (Kl. M)

1 Tl Oregano

1 Kartoffeln waschen und ungeschält in Salzwasser garen. Abgießen, pellen und abgekühlt in Scheiben schneiden. Aubergine in ca. 1 cm große Würfel schneiden, leicht salzen und 15 Min. in einem Sieb ziehen lassen. Zucchini in Scheiben schneiden.

2 Öl in einer beschichteten Pfanne erhitzen, Auberginen darin rundherum kräftig anbraten. Knoblauch dazupressen. Tomaten zugeben, salzen, pfeffern.

3 Quark, Eigelb und Oregano verrühren. Auberginenmischung in eine Auflaufform geben, Kartoffel- und Zucchinischeiben dachziegelartig darauflegen. Quark mit einem Teelöffel in kleinen Häufchen darauf verteilen und im vorgeheizten Ofen bei 200 Grad auf der 2. Schiene von unten 20–25 Min. backen (Umluft bei 185 Grad). Am Ende der Garzeit ca. 5 Min. unter dem Grill bräunen.

* **Zubereitungszeit:** 1 Stunde
Pro Portion: 18 g E, 9 g F, 24 g KH = 260 kcal (1094 kJ)

GLEICHMÄSSIG
Bei einem Auflauf wie dieser Moussaka kommt es darauf an, dass die Zutaten zunächst gleichmäßig dick geschnitten und dann möglichst gleichmäßig verteilt werden.

KEFI
STOCK
VITAL

Pilztasse

Eine Tasse Pilze, bitte: Champignons und Kräuterseitlinge bekommen einen Deckel aus Käse – und werden direkt aus der Tasse gelöffelt

Für 2 Portionen: 1 1 **Schalotte** und 1 kleine **Knoblauchzehe** fein würfeln. Je 150 g **Champignons** und **Kräuterseitlinge** putzen und halbieren. **2** ½ El **Butter** und 1 El **Olivenöl** in einer beschichteten Pfanne erhitzen und die Pilze darin 3 Min. scharf anbraten. Schalotten- und Knoblauchwürfel kurz mitbraten, mit 100 ml **Gemüsebrühe** und 200 ml **Schlagsahne** ablöschen. Mit 1–2 El **hellem Saucenbinder** binden. Kräftig mit Salz, Pfeffer und **Muskat** würzen. 1 El gehackte **glatte Petersilie** unterheben. Die Pilze in 2 ofenfeste Tassen (à ca. 250 ml) verteilen. **3** 2 Scheiben **Toastbrot** toasten und im Durchmesser der Tassen ausstechen. Auf die Pilze legen. 3 El geraspelten **Gouda** auf den Toasts verteilen. Im vorgeheizten Ofen bei 180 Grad (Umluft 160 Grad) auf der 2. Schiene von unten 10 Min. überbacken.

* **Zubereitungszeit:** 35 Minuten **Pro Portion:** 12 g E, 43 g F, 14 g KH = 494 kcal (2070 kJ)

Sauerkraut-Flammekuchen

Der pizzaähnliche Kuchen ist eine elsässische Spezialität – belegt mit herzhaften Zutaten. Eine frische Variante ist die mit Sauerkraut

Für 4 Portionen: 1 350 g **Sauerkraut** gut auspressen und mit 1 Tl **Zucker** mischen. 2 **rote Äpfel** mit einem Apfelausstecher entkernen und in feine Scheiben schneiden. 1 **rote Zwiebel** in feine Streifen schneiden. **2** 1 Beutel **Fixteig-für-Pizza** nach Packungsanweisung zubereiten. Auf einer bemehlten Arbeitsfläche dünn ausrollen. Auf ein leicht gefettetes und mit **Mehl** bestreutes Blech legen. 150 g **Crème fraîche** mit Salz und Pfeffer verrühren und auf dem Teigboden verstreichen. **3** Sauerkraut, Äpfel und Zwiebeln auf dem Boden verteilen, salzen und pfeffern. **4** Im vorgeheizten Ofen bei 210 Grad (Umluft 190 Grad) auf der untersten Schiene 25–30 Min. backen. Mit einigen abgezupften Blättern **glatter Petersilie** bestreuen.

* **Zubereitungszeit:** 45 Minuten **Pro Portion:** 7 g E, 24 g F, 52 g KH = 460 kcal (1917 kJ)

Broccoli-Clafoutis

Luftiger geht es eigentlich nicht. Und duftiger schon gar nicht: ein Gemüse-Eierkuchen wie in der Provence. Nur viel leichter

Für 2 Portionen:

- 350 g Broccoli
- Salz
- 2 Eier (Kl. M)
- 1 El Sonnenblumenöl
- 60 ml fettarme Milch
- 20 g Parmesan (frisch gerieben)
- Pfeffer
- 2 Stiele Basilikum
- 50 g Mehl
- 100 g Kirschtomaten

1 Broccoli putzen. Stiel schälen, längs halbieren, in dünne Scheiben schneiden. Kopf in kleine Röschen teilen. Beides in kochendem Salzwasser 2 Min. sprudelnd kochen, abgießen und abschrecken. Sehr gut abtropfen lassen.

2 Eier trennen. Eigelb, Öl, Milch, 15 g Parmesan und Pfeffer verrühren. Basilikumblättchen in Streifen schneiden und unterheben. Eiweiß mit 1 kräftigen Prise Salz steif schlagen. Eischnee auf den Teig geben, Mehl mit einem Esslöffel darüberstreuen und vorsichtig unterheben.

3 Teig und Broccolischeiben in 2 gefettete flache Formen (15 cm Ø) geben. Tomaten waschen und mit Broccoliröschen auf dem Teig verteilen. Auf dem Rost im vorgeheizten Ofen auf der 2. Schiene von unten bei 220 Grad 12–15 Min. backen (Umluft nicht empfehlenswert). Mit 5 g Parmesan bestreuen.

* **Zubereitungszeit:** 30 Minuten
Pro Portion: 19 g E, 15 g F, 24 g KH = 318 kcal (1332 kJ)

ABWECHSLUNGSREICH
Lassen Sie sich durch Rezeptvorgaben nicht unnötig einschränken. In diesem Rezept etwa können Sie den Broccoli beliebig mit anderem Gemüse ergänzen oder ganz ersetzen. Wichtig ist nur, dass Sie das Gemüse kurz kochen und gründlich abtropfen lassen. Weil der Clafoutis sonst klitschig wird.

Pfannkuchen-Cordon-bleu

Außen knuspern die Semmelbrösel, innen schmilzt Käse in zarten Schinkenscheiben. So kommt ein einfacher Pfannkuchen ganz groß raus

Für 2 Portionen: **1** 150 g **Mehl**, 300 ml **Milch**, 2 **Eier** (Kl. M), 2 El **Öl** und 1 Prise Salz zu einem glatten Teig verrühren und 10 Min. ruhen lassen. In einer beschichteten Pfanne in wenig **Butter** nacheinander 6 nicht zu dünne Pfannkuchen backen. **2** Je 1 Pfannkuchen mit 1 Scheibe **gekochtem Schinken** und ca. 30 g **Pizzakäse** belegen und aufrollen. In eine leicht gefettete Auflaufform (38 x 16 cm) geben. **3** 250 ml **Béchamelsauce** (Tetrapak) mit 2 El **Tomatenmark** und 100 ml **Weißwein** verrühren und in einem Topf aufkochen. Salzen, pfeffern und über die Pfannkuchen geben. **4** Mit 3 El **Semmelbröseln** bestreuen und 30 g Butter in Flocken darauf verteilen. **5** Im vorgeheizten Ofen bei 210 Grad (Umluft 190 Grad) auf der 2. Schiene von unten 15 Min. backen.

* **Zubereitungszeit:** 45 Minuten **Pro Portion:** 69 g E, 99 g F, 81 g KH = 1485 kcal (6228 kJ)

Moussaka mal anders

Wetten, dass Sie es kaum abwarten können, den ersten Bissen zu probieren? Zum Glück ist die Moussaka dank der Käsehaube ruck, zuck fertig

Für 4 Portionen: 1 1 kg **Auberginen** schälen und in 3 cm große Würfel schneiden. Auberginen auf einem Backblech mit 5 El **Olivenöl** mischen, salzen und pfeffern. Auberginen auf dem Blech ausbreiten und im vorgeheizten Ofen bei 210 Grad auf der 2. Schiene von unten ca. 20 Min. weich garen (Umluft nicht empfehlenswert). **2** 2 **Zwiebeln** fein würfeln, 2 **Knoblauchzehen** hacken. 2 El **Öl** in einem Topf erhitzen, Zwiebeln, Knoblauch und 500 g **Rinderhack** (oder Lammhack) unter Rühren hellbraun anbraten, salzen und pfeffern. **3** 2 Dosen **geschälte Tomaten** (à 425 g EW) in einem Sieb abtropfen lassen, Tomaten in den Topf geben, aufkochen und 10 Min. sanft kochen lassen. Mit 1 Tl **gemahlenem Zimt**, 1 Tl **getrocknetem Oregano**, etwas Salz und Pfeffer würzen. **4** Auberginen in eine gefettete Auflaufform (1,5 l Inhalt) geben. Die Fleischmischung darübergeben. **5** Den Backofengrill einschalten. 250 g **Ricotta** und 125 g **Feta** mit 1 **Ei** (Kl. M) glatt pürieren, mit Salz und Pfeffer würzen. Käse-Ei-Mischung über der Fleischmischung verteilen und alles unter dem Backofengrill auf der untersten Schiene ca. 10 Min. goldbraun überbacken. **Tipp** Wer keinen Backofengrill besitzt, kann die Moussaka im vorgeheizten Ofen bei 250 Grad auf der obersten Schiene 10–20 Min. überbacken (Umluft nicht empfehlenswert).

* **Zubereitungszeit:** 50 Minuten **Pro Portion:** 40 g E, 53 g F, 11 g KH = 685 kcal (2872 kJ)

Lachslasagne

Geschmackvoller Auflauf, ganz einfach gemacht: Fisch, Spinat und Pasta, verfeinert mit Meerrettich-Béchamel und Semmelbröseln

Für 2 Portionen:

200 g TK-Spinat

Salz

Pfeffer

350 g Lachsfilet

500 g Béchamelsauce (Tetrapak)

100 ml Gemüsebrühe

5 Tl geriebener Meerrettich (Glas)

2 El Semmelbrösel

1 El Butter (zerlassen)

8 Lasagneblätter (ohne Vorkochen; ca. 100 g)

1 Spinat auftauen und kräftig ausdrücken, salzen und pfeffern. Lachs quer in 5 mm breite Streifen schneiden. Béchamelsauce mit Brühe, Merrettich, Salz und Pfeffer verrühren. Brösel mit der zerlassenen Butter verrühren. Lasagneblätter für die Größe einer Auflaufform (ca. 20 x 12 cm) zurechtbrechen.

2 Den Boden der Auflaufform mit 1/5 der Béchamelsauce bedecken und 2 Lasagneblätter darauflegen. Diese mit 1/5 Sauce bedecken und mit der Hälfte vom Lachs belegen. 2 Lasagneblätter darauflegen, mit 1/5 Sauce und dem Spinat bedecken. Dann 2 Lasagneblätter, 1/5 Sauce und den restlichen Lachs darübergeben. Die letzte Schicht Lasagneblätter mit der restlichen Sauce bedecken, mit den Butterbröseln bestreuen.

3 Im vorgeheizten Ofen bei 180 Grad auf der 2. Schiene von unten 30 Min. backen (Umluft nicht empfehlenswert). Evtl. nach 20 Min. mit Alufolie bedecken.

* **Zubereitungszeit:** 1 Stunde
Pro Portion: 47 g E, 71 g F, 56 g KH = 1056 kcal (4447 kJ)

Paprika-Brot-Auflauf

Das bringt Farbe auf den Mittagstisch. Und lässt sich sehr schön fast nebenbei machen

Für 2 Portionen: 1 Je 1 **rote** und **gelbe Paprikaschote** achteln und entkernen. 300 g **altbackenes Weizenbrot** in Scheiben schneiden. In einer Schüssel mit 1 El gehackter **glatter Petersilie**, 1 Tl gehacktem **Rosmarin** und dem fein geschnittenen Weißen und Hellgrünen von 2 **Frühlingswiebeln** mischen. **2** Eine ofenfeste Form mit 1 **Knoblauchzehe** ausreiben und fetten. Knoblauch hacken, zum Brot geben und alles in die Form geben. Mischung darin gleichmäßig verteilen. **3** 3 **Eier** (Kl. M) mit 250 ml **Milch** und 100 ml **Schlagsahne** verquirlen, salzen und pfeffern. Über die Brotmischung gießen. **4** Im vorgeheizten Ofen bei 190 Grad auf der 2. Schiene von unten 30–35 Min. backen (Umluft nicht empfehlenswert). Dazu passt grüner Salat.

* **Zubereitungszeit:** 45 Minuten **Pro Portion:** 30 g E, 39 g F, 87 g KH = 826 kcal (3463 kJ)

Kartoffel-Quark-Gratin

Mal ganz was Neues: In geräucherte Putenbrust gewickelte Kartoffeln garen im Ofen auf einer saftigen Quarkcreme

Für 2 Portionen: 1 500 g kleine **Kartoffeln** ungeschält in Salzwasser 15–20 Min. kochen, abgießen, pellen und abkühlen lassen. **2** 125 g **Magerquark** mit 75 ml **fettarmer Milch**, 1 El **Mehl**, 1 **Ei** (Kl. M), Salz, Pfeffer und 1 Tl **edelsüßem Paprikapulver** verrühren. In eine leicht gefettete ofenfeste Form füllen. **3** Kartoffeln einzeln in 175 g dünn geschnittene **geräucherte Putenbrust** wickeln und auf die Quarkcreme legen. **4** Im vorgeheizten Ofen bei 200 Grad (Umluft 180 Grad) auf der untersten Schiene 20–25 Min. backen.

* **Zubereitungszeit:** 50 Minuten **Pro Portion:** 45 g E, 8 g F, 39 g KH = 415 kcal (1738 kJ)

Makkaroni-Spinat-Auflauf

Wer Spinat mit Gorgonzola liebt, darf sich an unserem Auflauf erfreuen, bei dem Sonnenblumenkerne für Biss sorgen

Für 4 Portionen:

450 g TK-Blattspinat
2 Zwiebeln
2 El Butter
1 Knoblauchzehe (durchgepresst)
Salz
Pfeffer
Muskat
250 g Makkaroni
250 ml Béchamelsauce (Tetrapak)
100 ml Gemüsebrühe
200 g Gorgonzola
4 El Sonnenblumenkerne

1 Spinat nach Packungsanweisung auftauen lassen, sehr gut ausdrücken und grob hacken. Zwiebeln fein würfeln. Butter in einer Pfanne zerlassen und Spinat und Knoblauch darin andünsten. Mit Salz, Pfeffer und Muskat würzen. Makkaroni in reichlich Salzwasser nach Packungsanweisung kochen. Béchamelsauce mit der Brühe erhitzen.

2 Gorgonzola grob zerkrümeln, 100 g in die Sauce geben und darin schmelzen lassen. Nudeln abgießen und gut abtropfen lassen. Die Hälfte davon in eine Auflaufform (24 cm Ø) geben, die Hälfte der Sauce darübergießen. Spinat, restliche Nudeln und restliche Sauce darübergeben. Mit restlichem Käse und Sonnenblumenkernen bestreuen.

3 Im vorgeheizten Ofen bei 200 Grad (Umluft 180 Grad) auf der 2. Schiene von unten 25–30 Min. backen. Den Auflauf vor dem Servieren kurz ruhen lassen.

* **Zubereitungszeit:** 55 Minuten
Pro Portion: 22 g E, 47 g F, 47 g KH = 705 kcal (2960 kJ)

PLAN B IN SACHEN KÄSE
Gorgonzola ist nicht jedermanns Sache. Leckere Alternative: Gouda, Emmentaler oder Comté.

Ciabatta-Pizza

Knusperbrot mit dem bekannten Camembert aus der Normandie

Für 2 Portionen: 1 1 **Ciabatta** (450 g) längs halbieren. Schnittflächen mit insgesamt 4 El **Olivenöl** bestreichen und das Brot auf ein Backblech legen. **2** 3 **Äpfel** (à 200 g) mit einem Apfelausstecher entkernen und in 5 mm dünne Scheiben schneiden. 200 g **rote Zwiebeln** in nicht zu dünne Ringe schneiden. **3** 2 El **Olivenöl** in einer Pfanne erhitzen und die Zwiebeln darin bei mittlerer Hitze rundherum 4 Min. braten. Herausnehmen und mit Salz und Pfeffer würzen.
Die Apfelscheiben in die Pfanne geben und von beiden Seiten 2–3 Min. braten. Salzen und pfeffern. **4** Brote mit den Äpfeln, Zwiebeln, 200 g hauchdünnem **Kochschinken** und 200 g in Scheiben geschnittenem **Camembert** belegen. Alles mit Salz und Pfeffer würzen und im vorgeheizten Ofen bei 200 Grad (Umluft 170 Grad) auf der 2. Schiene von oben 12 Min. backen. Mit etwas abgezupften **Majoran** bestreuen.

* **Zubereitungszeit:** 30 Minuten
Pro Portion: 64 g E, 60 g F, 150 g KH = 1408 kcal (5924 kJ)

Friesischer Auflauf

Theodor Storm lässt grüßen: Hier vereinen sich Birnen und Speck zu einem zünftigen Auflauf. Deichgräfisch lecker!

Für 4 Portionen: 1 120 g weiche **Butter**, 50 g **Zucker** und 1 Prise Salz mit den Quirlen des Handrührers 5 Min. cremig rühren. 2 **Eigelb** (Kl. M) unterrühren. 500 g **Mehl**, 3 Tl **Backpulver** und 250 ml **Milch** unterrühren. 2 **Eiweiß** (Kl. M), 1 Prise Salz und 50 g Zucker steif schlagen und unterheben. **2** 1,5 kg **Birnen** schälen, vierteln, entkernen, quer in Spalten schneiden und mit 2 El **Zitronensaft** mischen. Die Hälfte der Spalten unter den Teig heben. **3** Eine Auflaufform (25 x 20 cm) mit 150 g **durchwachsenem Speck** (in Scheiben) auslegen. Teig einfüllen. Im vorgeheizten Ofen bei 180 Grad auf der 2. Schiene von unten 45–50 Min. backen (Umluft nicht empfehlenswert). **4** 300 ml **Birnensaft** und 4 gestrichene Tl **Speisestärke** verrühren und aufkochen. Restliche Birnenspalten 5 Min. zugedeckt darin garen. Kompott zum Auflauf servieren.

* **Zubereitungszeit:** 1:30 Stunden **Pro Portion:** 26 g E, 44 g F, 173 g KH = 1189 kcal (4973 kJ)

Hack-Calzone

Ein Überraschungspaket, dem man wahrlich nicht ansieht, wie einfach es zuzubereiten ist

Für 2 Portionen:
200 g weiße Champignons
1 Zwiebel
4 El Öl
Salz
Pfeffer
250 g gemischtes Hackfleisch
2 El Tomatenmark
150 g stückige Tomaten (Tetrapak)
½ Tl Fenchelsaat
½ Bund Thymian (oder 1–2 Tl getrockneter Thymian)
30 g Parmesan (gerieben)
1 Pk. Pizzateig, fertig ausgerollt (230 g, 32 cm Ø)
1 Eigelb (Kl. M)

1 Champignons in Scheiben schneiden. Zwiebel würfeln. Beides in 2 El heißem Öl braun anbraten, bis alle Flüssigkeit verdampft ist, mit Salz und Pfeffer würzen und herausnehmen. Hack in 2 El Öl anbraten. Tomatenmark und -stücke, etwas Salz, Pfeffer und Fenchel zugeben und offen 5 Min. einkochen lassen. Abkühlen lassen.

2 Thymian bis auf 4 Stiele hacken, mit den Champignons und Parmesan unter das Hack mischen, evtl. nachwürzen. Teigplatte auf Backpapier auf einem Blech entrollen. Füllung auf die eine Teighälfte geben, dabei an den Kanten einen 2 cm breiten Rand frei lassen. Eigelb und 1 El Wasser verquirlen, den Rand damit bestreichen.

3 2. Teighälfte mithilfe des Papiers anheben und über die Füllung klappen. Ränder mit den Fingern gut zusammendrücken, Teigdecke mit einer Gabel einstechen, mit Eigelb bestreichen. Im vorgeheizten Ofen bei 200 Grad auf der untersten Schiene 25–30 Min. backen (Gas 3, Umluft 180 Grad). Mit Thymian garnieren.

* **Zubereitungszeit:** 55 Minuten (plus Kühlzeit)
Pro Portion: 42 g E, 70 g F, 59 g KH = 1038 kcal (4346 kJ)

SO WIRD'S EIN PAKET
Mithilfe des Backpapiers eine Teighälfte über die andere klappen.

Alpen-Makrönli

Diese schweizerische Köstlichkeit schmeckt nicht nur Heidi und dem Geißen-Peter – auch Flachland-Tiroler werden begeistert sein

Für 2 Portionen: 1 300 g **Kartoffeln** schälen und würfeln. 250 g **Hörnchennudeln** nach Packungsanweisung kochen, 5 Min. vor Ende der Garzeit die Kartoffeln dazugeben. Abgießen und abtropfen lassen. **2** Inzwischen 125 g **geräucherten Speck** und 3 **Zwiebeln** würfeln und zusammen in 1 El **Öl** knusprig anbraten. **3** Speck-Zwiebeln, Nudeln, Kartoffeln und 100 g geriebenen **Bergkäse** in einer Schüssel mischen. Mit Salz, Pfeffer und **Muskat** würzen. 2 El grob gehackte **krause Petersilie** untermischen und alles in eine gefettete Auflaufform geben. **4** Im vorgeheizten Ofen bei 200 Grad (Umluft 180 Grad) auf der 2. Schiene von unten 20–25 Min. backen und mit **Apfelmus** servieren.

* **Zubereitungszeit:** 50 Minuten
Pro Portion: 43 g E, 42 g F, 103 g KH = 965 kcal (4040 kJ)

Pizza aus Fladenbrot

Eine ganz schnelle, ganz besondere und ganz köstliche Variante der klassischen Pizza Margherita – der Trick ist das Fladenbrot

Für 2 Portionen: 1 100 g **getrocknete Tomaten** und 2 **Knoblauchzehen** grob hacken und in ein hohes Gefäß geben. 3 zerdrückte **Wacholderbeeren** und 6 El **Olivenöl** zugeben. Alles mit dem Schneidstab pürieren. Mit Salz und Pfeffer würzen. 3 **Tomaten** quer in Scheiben schneiden. 125 g **Mozzarella** abtropfen lassen, trockentupfen und in Scheiben schneiden. **2** 1 rundes **Fladenbrot** (ca. 20 cm Ø) quer halbieren. Die Hälften mit der Schnittfläche nach oben auf ein Backblech legen und mit den pürierten Tomaten bestreichen, mit Tomatenscheiben und Käse belegen. Im vorgeheizten Ofen bei 220 Grad (Umluft 200 Grad) auf der 2. Schiene von unten 5–8 Min. backen. **3** Blätter von 3 Stielen **Basilikum** abzupfen und kurz vor dem Servieren über die Pizza streuen.
Tipp Wer's noch herzhafter mag, kann statt Mozzarella auch Feta nehmen.

* **Zubereitungszeit:** 20 Minuten **Pro Portion:** 22 g E, 48 g F, 68 g KH = 800 kcal (3347 kJ)

Tomaten-Quiche

Herzhafter und krosser Kuchen: Mürbeteig mit Bacon, Schafskäse und Tomate – und, wie es sich bei einer Quiche gehört, mit Eiermilch

Für 4 Portionen:

5 Eier (Kl. M)

250 g Mehl

125 g Butter (in kleinen Stücken)

Salz

Hülsenfrüchte (zum Blindbacken)

400 ml Milch

2 El Schnittlauchröllchen

Pfeffer

125 g Baconscheiben

15 Kirschtomaten

150 g Schafskäse

1 1 Ei trennen. Das Eigelb mit Mehl, Butter, 3 Tl Salz und 3 El kaltem Wasser mit den Knethaken des Handrührers zu einem glatten Teig verkneten. In Folie gewickelt 1 Std. kalt stellen. Teig auf einer leicht bemehlten Fläche rund ausrollen (32 cm Ø) und in eine gefettete Tarte-Form (oder Springform, 26 cm Ø) legen. Den überstehenden Teig rundum abschneiden, Boden mit einer Gabel einstechen.

2 Den Teig mit Backpapier bedecken, dann mit Hülsenfrüchten belegen. Im vorgeheizten Ofen bei 200 Grad (Umluft 160 Grad) auf der untersten Schiene 15 Min. backen, Backpapier und Hülsenfrüchte entfernen und weitere 10 Min. backen.

3 Inzwischen 4 Eier, Milch, Schnittlauch, etwas Salz und Pfeffer verquirlen. Mürbeteig aus dem Ofen nehmen, sofort mit 1 Eiweiß bestreichen. Mit Bacon belegen und die Eiermilch darübergießen. Tomaten darauf verteilen und den Schafskäse darüberbröseln. Auf der mittleren Schiene wie oben 25–30 Min. goldbraun backen.

* **Zubereitungszeit:** 1:15 Stunden (plus Kühlzeit)
Pro Portion: 31 g E, 54 g F, 51 g KH = 820 kcal (3437 kJ)

ÜBER DEN RAND
Wenn die Speckscheiben leicht über den Rand der Backform lappen, werden die Spitzen im Ofen knusprig kross. Das schmeckt und sieht gut aus!

BBQ-Chicken-Pizza

Es waren Amerikaner, die die italienische Pizza weltweit populär machten. Und manchmal haben sie sie auch ein bisschen amerikanisiert …

Für 2 Portionen: 1 Das Fleisch eines ½ **Grillhähnchens** (450 g) vom Knochen lösen, häuten und würfeln. In einer Schüssel mit 75 ml **Barbecue-Sauce** (Glas) vermischen. 100 g **Mais** (Dose) abtropfen lassen. 4–5 eingelegte **Peperoni** abtropfen lassen. **2** 1 Paket **Pizza-Fertigteig** nach Packungsanweisung zubereiten und zu einem Kreis von 28 cm Ø ausrollen. Teig mit 1 El **Olivenöl** bestreichen und mit 50 g **Pizzakäse**, dem Hähnchen, Mais und Peperoni belegen. 75 ml Barbecue-Sauce auf die Pizza geben und mit 50 g Pizzakäse bestreuen. **3** Im vorgeheizten Ofen bei 220 Grad (Umluft 200 Grad) auf der untersten Schiene 20 Min. backen. 1 **rote Zwiebel** in feine Ringe schneiden und auf der fertigen Pizza verteilen.

* **Zubereitungszeit:** 45 Minuten **Pro Portion:** 57 g E, 52 g F, 97 g KH = 1092 kcal (4570 kJ)

Paprika-Lasagne

Aus dem Ofen kommt die saftigste Form der Pasta – mit Paprika, Tomaten und Basilikum

Für 2 Portionen: **1** 350 g **Paprika** aus dem Glas abtropfen lassen. 250 ml **Béchamelsauce** (Tetrapak) mit 50 g geriebenem **Parmesan** verrühren und mit etwas **Muskat** würzen. 350 g **stückige Tomaten** (Tetrapak) mit 1 El gehacktem **Basilikum** mischen. **2** Eine gefettete Auflaufform (1,5 l Inhalt) mit 3 **Lasagneplatten** auslegen. Je ⅓ der vorbereiteten Zutaten abwechselnd daraufgeben. **3** Restliche Zutaten mit 6 weiteren Lasagneplatten schichten, dabei sollte die oberste Schicht aus etwas Tomate und Béchamelsauce bestehen. **4** Im vorgeheizten Ofen bei 190 Grad (Umluft 175 Grad) auf der 2. Schiene von unten 30 Min. backen.

* **Zubereitungszeit:** 1 Stunde **Pro Portion:** 22 g E, 42 g F, 60 g KH = 705 kcal (2965 kJ)

Kürbis-Zwiebelkuchen

Ein herzhaftes Kinderspiel. Pizzateig mit Kürbis und Zwiebeln belegen, backen und fertig! Und der Apfel bringt die spezielle Note

Für 2–4 Portionen:

- 1 Beutel Fixteig für Pizza
- Butter (oder Öl) und Mehl für das Blech
- 150 g Crème fraîche
- Salz
- Pfeffer
- 1 roter Apfel
- 300 g Kürbisfleisch
- 2–3 Zwiebeln
- 50 g Rauke
- 50 g Tiroler Speck

1 Pizzateig nach Packungsanweisung zubereiten und auf einer bemehlten Fläche dünn ausrollen. Auf ein leicht gefettetes und mit Mehl bestreutes Blech legen. Crème fraîche mit Salz und Pfeffer verrühren und auf dem Pizzaboden verteilen.

2 Apfel mit einem Apfelausstecher entkernen. Kürbis, Apfel und Zwiebeln fein hobeln und auf dem Pizzaboden verteilen. Mit Salz und Pfeffer würzen.

3 Im vorgeheizten Ofen bei 220 Grad (Umluft 200 Grad) auf der untersten Schiene 30 Min. backen.

4 Inzwischen Rauke putzen, waschen und trockenschleudern. Mit dem Tiroler Speck auf dem Zwiebelkuchen verteilen und sofort servieren.

* **Zubereitungszeit:** 45 Minuten
  Pro Portion (bei 4): 9 g E, 28 g F, 50 g KH = 489 kcal (2041 kJ)

SCHÖN FEIN

Den Apfel mit einem Ausstecher entkernen und dann ebenso wie den Kürbis auf einem Gemüsehobel fein schneiden.

Kartoffelgratin mit grünem Pfeffer

Gelingt auch Anfängern mühelos: Alle Zutaten werden roh eingeschichtet, den Rest erledigt der Backofen

Für 2 Portionen: 1 500 g **Kartoffeln** schälen und in Scheiben schneiden. 2 **rote Zwiebeln** streifig schneiden. Kartoffeln und Zwiebeln in einer Schüssel mischen und salzen. **2** 200 ml **Schlagsahne** mit ½ Tl gehacktem **Thymian** und 2 Tl grob gehackten **grünen Pfefferkörnern** (Glas) aufkochen. Über die Kartoffeln gießen, mischen und in eine gefettete ofenfeste Form füllen. Im vorgeheizten Ofen bei 200 Grad (Umluft 180 Grad) 35–40 Min. garen.

* **Zubereitungszeit:** 1 Stunde **Pro Portion:** 7 g E, 30 g F, 34 g KH = 438 kcal (1837 kJ)

Spargelfladen

Ein Teig mit extravagantem Belag: Diese Mixtur sollten Sie sich öfter backen

Für 2–4 Portionen: **1** 400 g **frischen Pizzateig** (Kühlregal, 36 x 27 cm) auf ein mit **Weizengrieß** bestreutes Blech legen. **2** 1 **Knoblauchzehe** durchpressen, mit 2 El **Olivenöl** verrühren und auf dem Teig verteilen. 125 g **Ajvar** (Glas) mit einem Löffel darüber verstreichen. **3** 500 g **grünen Spargel** waschen, Enden abbrechen. Stangen auf den Teig legen. 150 g kleine **Tomaten** in Scheiben schneiden und darüber verteilen. 150 g **Ziegenfrischkäse** über den Fladen bröseln. Mit Salz und Pfeffer würzen. **4** Im vorgeheizten Ofen bei 200 Grad (Umluft 180 Grad) auf der 2. Schiene von unten 20–25 Min. backen.

* **Zubereitungszeit: 40 Minuten**
Pro Portion (bei 4): 12 g E, 39 g F, 53 g KH = 622 kcal (2600 kJ)

Fächerkartoffel-Gratin

Nicht nur für den Gaumen ein Hochgenuss:
Das dekorative Schnittmuster der Kartoffeln bietet auch etwas fürs Auge

Für 2 Portionen:

150 ml Béchamelsauce (Tetrapak)

100 ml Schlagsahne

Salz

Pfeffer

2 Tl rosenscharfes Paprikapulver

4 El glatte Petersilie (gehackt)

je 1 rote und gelbe Paprikaschote

6 festkochende Kartoffeln (à ca. 80 g)

2 El Butter

2 El Semmelbrösel

1 Béchamelsauce und Sahne aufkochen, mit Salz, Pfeffer und 1 Tl Paprikapulver würzen. 3 El Petersilie zugeben.

2 Paprika waschen, putzen und in 1 cm große Würfel schneiden. Kartoffeln waschen, schälen und dicht an dicht fächerförmig ein-, aber nicht ganz durchschneiden.

3 Die Hälfte der Béchamel-Sahne in eine feuerfeste Form (20 x 15 cm) gießen, Paprikawürfel daraufstreuen und Kartoffeln daraufsetzen. Die andere Hälfte der Sauce darüber verteilen. Im vorgeheizten Ofen bei 200 Grad (Umluft 180 Grad) auf der 2. Schiene von unten 50 Min. backen.

4 Butter zerlassen, Semmelbrösel und 1 Tl Paprikapulver darin anrösten. Über den Auflauf geben und mit 1 El Petersilie bestreuen.

* **Zubereitungszeit:** 1:15 Minuten
Pro Portion: 9 g E, 44 g F, 40 g KH = 595 kcal (2500 kJ)

MIT MESSER UND LÖFFEL

Ein guter Trick, um die Kartoffeln nur ein, aber nicht durchzuschneiden: vor dem Einritzen auf einen Esslöffel legen – so stoppen die Löffelkanten automatisch das Messer und es gibt keinen Kartoffelsalat.

Hähnchen-Spinat-Lasagne

Eine klassische Lasagne macht richtig viel Arbeit. Mit ein paar Tricks (fertiges Hähnchen, Rahmspinat) machen wir uns das Leben leichter

Für 4 Portionen: 1 1 Fleisch von ½ **Grillhähnchen** (fertig vom Imbiss) abzupfen. 2 **Knoblauchzehen** durchpressen und mit dem Fleisch, 250 g **Béchamelsauce** (Tetrapak) und 200 ml **fettarmer Milch** vermischen. Mit Salz, Pfeffer und **Muskat** kräftig würzen. 450 g **TK-Rahmspinat** nach Packungsanweisung zubereiten. **2** Eine Auflaufform (25 x 15 cm) leicht ausfetten. Den Boden mit ¼ der Hähnchenmischung bedecken. Darauf 3 **Lasagneplatten** legen. Die Hälfte des Rahmspinats und ¼ der Hähnchenmischung darauf verteilen. Wieder Lasagneplatten, übrigen Spinat und ¼ der Hähnchenmischung einschichten. Mit 3 Lasagneplatten abschließen und die restliche Hähnchenmischung darauf verteilen. **3** Im vorgeheizten Ofen bei 200 Grad (Umluft 180 Grad) auf der 2. Schiene von unten 30–35 Min. backen. Nach 15 Min. 100 g geriebenen **Pizzakäse** über die Lasagne streuen und fertig backen. Im ausgeschalteten Ofen 5–10 Min. ruhen lassen, dann servieren.

* **Zubereitungszeit:** 1:10 Stunden **Pro Portion:** 36 g E, 36 g F, 31 g KH = 597 kcal (2500 kJ)

Kartoffel-Spitzkohl-Auflauf

Spitzkohl gibt es nur im Frühling. Er ist der zarteste aus der sonst eher derben Kohlfamilie und wird wie alles Zarte besonders geliebt

Für 2–4 Portionen: 1 300 g **Kartoffeln** waschen und in Salzwasser kochen. Pellen und in Scheiben schneiden. 300 g **Spitzkohl** putzen und in Spalten schneiden. Kartoffeln und Spitzkohl in eine Auflaufform schichten. **2** 250 g **Dillsahnesauce** (Tetrapak) mit 100 ml **Milch** verrühren und in die Form geben. 150 g **Bratwurstbrät** mit einem Esslöffel auf die Form verteilen. **3** Im vorgeheizten Ofen bei 210 Grad (Umluft 190 Grad) auf der untersten Schiene 25 Min. backen. Mit etwas gehacktem **Dill** bestreut servieren.

* **Zubereitungszeit:** 1 Stunde **Pro Portion (bei 4):** 10 g E, 26 g F, 13 g KH = 329 kcal (1369 kJ)

Früchte-Lasagne

Hackfleisch, Tomatensauce und Käse vermisst bei diesem Rezept niemand. Dazu ist der Auflauf aus Nudeln, Quark und Früchten viel zu gut

Für 4 Portionen:

250 g Aprikosen

150 g Kirschen

100 g Butter (weich)

150 g Zucker

1 Pk. Vanillezucker

3 Eier (Kl. M)

500 g Magerquark

200 ml Milch

2 Tl abgeriebene Zitronenschale (unbehandelt)

9 Lasagneplatten (ohne Vorkochen, ca. 150 g)

3 El Mandelblättchen

1 Aprikosen halbieren, entsteinen und in 2 cm dicke Spalten schneiden. Kirschen entsteinen und evtl. halbieren.

2 Butter, Zucker und Vanillezucker mit den Quirlen des Handrührers ca. 5 Min. schaumig rühren, Eier zugeben und weitere 5 Min. rühren. Quark, Milch und Zitronenschale unterrühren.

3 Eine Auflaufform (25 x 15 cm) fetten. Abwechselnd Lasagneplatten, Früchte und Quarkmasse in die Form schichten. Diese Schichtung noch zweimal wiederholen. Im vorgeheizten Ofen bei 180 Grad (Umluft 160 Grad) auf der 2. Schiene von unten 45 Min. backen. Nach 30 Min. mit den Mandelblättchen bestreuen.

* **Zubereitungszeit:** 1:15 Stunden
Pro Portion: 31 g E, 35 g F, 80 g KH = 772 kcal (3236 kJ)

KNUSPRIGE ALTERNATIVEN

Statt Mandeln können Sie auch Cornflakes oder Kokos-Chips über die Früchte-Lasagne streuen. Dann aber nur 10 Minuten mitbacken.

Speck-Kohl-Kuchen

Zum Sattessen für zwei Hungrige oder als herzhafter Snack für vier bis sechs Wein- und Biertrinker

Für 2 Portionen: 1 1 Packung **Fertig-Pizza-Teig** (230 g) nach Anweisung zubereiten. 100 g **durchwachsenen Speck** würfeln. 2 **Zwiebeln** und 200 g **Spitzkohl** in Streifen schneiden. **2** Speck und Zwiebeln in 1 El **Öl** knusprig auslassen. Spitzkohl dazugeben und 3 Min. unter Rühren dünsten. Salzen und pfeffern. **3** Pizzateig auf dem Blech auf 30 x 25 cm ausrollen. Kohlmischung darauf verteilen. 1 **Eigelb** (Kl. M) mit 150 g **Crème fraîche**, 1 El **Schnittlauchröllchen** und 1 El gehackter **krauser Petersilie** mischen, auf dem Kuchen verteilen. **4** Im vorgeheizten Ofen bei 210 Grad (Umluft 190 Grad) auf der untersten Schiene 20 Min. backen.

* **Zubereitungszeit:** 50 Minuten **Pro Portion:** 23 g E, 65 g F, 79 g KH = 1000 kcal (4176 kJ)

Kartoffel-Fenchel-Gratin

Knusprig braun und wunderbar würzig mit leicht weihnachtlichem Duft: So wird dieses Gratin zum Wintergenuss schlechthin

Für 2 Portionen: **1** 2 große **Kartoffeln** ungeschält kochen, pellen, abgekühlt in Scheiben schneiden. 2 große **Fenchelknollen** putzen, vierteln und in kochendem Salzwasser 8–10 Min. garen. **2** Kartoffeln und Fenchel in eine gefettete ofenfeste Form geben. 3 El **Semmelbrösel**, 1 El gehackte **krause Petersilie**, 1 gehackte **Knoblauchzehe**, Salz und Pfeffer mischen. Gemüse damit bestreuen. Mit 2 El **Olivenöl** beträufeln. **3** Unter dem vorgeheizten Grill auf der untersten Schiene ca. 10 Min. goldbraun überbacken.

* **Zubereitungszeit:** 40 Minuten **Pro Portion:** 9 g E, 15 g F, 30 g KH = 296 kcal (1241 kJ)

Bunter Auflauf

Nudeln liebt einfach jeder – und wenn sie dann noch mit Möhren, Zuckerschoten und Käse daherkommen, erst recht

Für 4 Portionen:

- 200 g Hörnchennudeln
- Salz
- 40 g Butter
- 1 leicht gehäufter El Mehl
- 200 ml Gemüsebrühe
- 200 ml fettarme Milch
- Pfeffer
- 1 mittelgroße Möhre (150 g)
- 100 g Zuckerschoten
- 1 mittelgroße Zwiebel
- 100 g TK-Erbsen
- 100 g Gouda (geraspelt)

1 Nudeln nach Packungsanweisung in reichlich Salzwasser bissfest kochen und abgießen. 20 g Butter in einem Topf zerlassen. Mehl zugeben, unter Rühren 1–2 Min. anschwitzen. Mit Brühe und Milch ablöschen, unter Rühren zum Kochen bringen und 5 Min. bei mittlerer Hitze kochen. Mit Salz und Pfeffer würzen.

2 Möhre schälen und in 5 mm große Würfel schneiden. Zuckerschoten putzen und schräg halbieren. Zwiebel hacken. 20 g Butter in einer beschichteten Pfanne erhitzen. Zwiebeln und Möhren 3–5 Min. darin anbraten. Zuckerschoten und Erbsen zugeben und 1 Min. mitbraten. Salzen und pfeffern.

3 4 kleine Auflaufformen (à 10 cm Ø oder 1 große Form von 30 x 18 cm) fetten. Die Hälfte der Nudeln einschichten. Darauf die Hälfte des Gemüses verteilen. Mit der Hälfte des Käses bestreuen. Restliche Nudeln, Gemüse und Käse einschichten und mit der Sauce übergießen. Im vorgeheizten Ofen bei 200 Grad (Umluft 180 Grad) auf der 2. Schiene von unten 20–25 Min. überbacken.

* **Zubereitungszeit:** 50 Minuten
  Pro Portion: 17 g E, 19 g F, 45 g KH = 420 kcal (1762 kJ)

KINDERKÄSE
Für diesen Auflauf eignen sich milde Käsesorten wie junger Gouda oder Butterkäse.

Rahm-Porree-Kartoffeln

Ob Sie es nun Gratin nennen oder Auflauf – fest steht, dass Sie diese würzige Köstlichkeit immer wieder kochen werden

Für 2 Portionen:
1/2 Stange Porree
300 g kleine Kartoffeln (gekocht)
Salz
Pfeffer
150 ml Schlagsahne
1/2 Tl getrockneter Thymian

1 Porree putzen und wie unten beschrieben waschen. Dann das Weiße und Hellgrüne in Ringe schneiden.

2 Kartoffeln quer halbieren, mit dem abgetropften Porree mischen, salzen und pfeffern. In zwei ofenfeste Formen geben. 200 ml Sahne salzen und pfeffern. Getrockneten Thymian dazugeben. Über die Kartoffeln gießen.

3 Im vorgeheizten Ofen bei 200 Grad auf der 2. Schiene von unten 30 Min. backen (Umluft 180 Grad).

* **Zubereitungszeit:** 40 Minuten
Pro Portion: 5 g E, 23 g F, 21 g KH = 309 kcal (1295 kJ)

PORREE WASCHEN
Erst die äußeren Blätter entfernen, dann den Stielansatz unten und das obere Viertel abschneiden. Dann je nach Rezept das Weiße und Hellgrüne in Scheiben schneiden, waschen und in einem Sieb abtropfen lassen.

Gemüse-Tarte

Appetitlicher kann man junges Gemüse nicht verpacken als in einer knusprigen Tarte. Kräuterduftender Frischkäse würzt den Eierguss

Für 12 Portionen:

- 300 g TK-Blätterteig
- 200 g Möhren
- 200 g Kohlrabi
- 250 g weißer Spargel
- 100 g Zuckerschoten
- Salz
- 50 g TK-Erbsen
- 3 El Semmelbrösel
- 300 g provenzalischer Kräuterfrischkäse
- 4 Eier (Kl. M)
- Pfeffer
- Muskat

1 Blätterteig ausbreiten und auftauen lassen. Möhren, Kohlrabi und Spargel schälen, Kohlrabi vierteln, alles in Scheiben schneiden. Zuckerschoten putzen und halbieren. Möhren, Spargel und Kohlrabi in kochendem Salzwasser 5 Min. kochen, Zuckerschoten und Erbsen nach 3 Min. zugeben. Abschrecken und gut abtropfen lassen.

2 Blätterteigplatten mit etwas Wasser bestreichen, aufeinanderlegen. Auf einer bemehlten Fläche zu einem Kreis (32 cm Ø) ausrollen, in eine gefettete Tarteform (26 cm Ø) legen. Mit einer Gabel mehrfach einstechen und Boden mit Semmelbröseln bestreuen. Gemüse darauf verteilen. Frischkäse und Eier verquirlen, mit Salz, Pfeffer und Muskat würzen.

3 Eiermischung über das Gemüse verteilen. Überstehenden Rand wellig einschlagen. Im vorgeheizten Ofen bei 200 Grad auf der untersten Schiene 40–45 Min. backen (Umluft nicht empfehlenswert). Kurz ruhen lassen, dann servieren.

* **Zubereitungszeit:** 1:15 Stunden (plus Ruhezeit)
  Pro Portion: 7 g E, 14 g F, 14 g KH = 209 kcal (872 kJ)

GANZ VON DER ROLLE
Teig um das Rollholz wickeln und über der Form vorsichtig abrollen. Dann mit den Händen in die Form drücken.

Rosenkohlgratin

Beilage für zwei, Auflauf für eine Person. Da fällt das Teilen schwer

Für 2 Portionen:

1 250 g **Kartoffeln** schälen und in 5 mm dicke Scheiben schneiden oder hobeln. Scheiben in kaltes Wasser legen. 350 g **Rosenkohl** putzen. In kochendes Salzwasser geben, aufkochen und 5 Min. kochen lassen. Nach 2 Min. die Kartoffelscheiben zugeben, erneut aufkochen und weitere 3 Min. kochen lassen. Rosenkohl und Kartoffeln abgießen, abschrecken und sehr gut abtropfen lassen.

2 Beides in einer flachen gefetteten Form (20 x 12 cm) verteilen. 100 ml **Schlagsahne**, 5 El **Milch** und 2 **Eier** (Kl. M) verquirlen. Mit frisch geriebenem **Muskat**, Salz und Pfeffer würzen. Über die Rosenkohl-Kartoffeln geben. 1 El **gehackte Mandeln** in einer Pfanne ohne Fett hellbraun rösten und über das Gratin streuen.

3 Im vorgeheizten Ofen bei 200 Grad (Umluft 180 Grad) auf der 2. Schiene von unten 25–30 Min. backen.

* **Zubereitungszeit:** 50 Minuten
Pro Portion: 17 g E, 27 g F, 18 g KH = 395 kcal (1655 kJ)

Syrischer Fladen

Man könnte diese Köstlichkeit auch schlicht als Gyros-Pizza bezeichnen, allerdings eine mit Pinienkernen und Zimt

Für 2 Portionen: 1 450 g **Pizzateig** (Kühlregal) zu 2 ovalen Fladen formen. Auf ein mit Backpapier belegtes Blech legen. Mit je 1 Tl **Olivenöl** bestreichen und mit einer Gabel mehrmals einstechen. Im vorgeheizten Ofen bei 200 Grad (Umluft 180 Grad) auf der untersten Schiene 15 Min. backen. **2** 2 El **Pinienkerne** in einer Pfanne ohne Fett rösten. 1 **rote Paprikaschote** und 1 **Zwiebel** putzen und in Streifen schneiden. 1 **Tomate** putzen und grob würfeln. **3** 150 g **Sahnejoghurt**, 1 El **Zitronensaft**, 1 El gehackte **Basilikumblätter**, Salz und Pfeffer mischen. **4** 300 g **Lammgeschnetzeltes** in 3 El **Öl** ca. 5 Min. anbraten. Zwiebel- und Paprikastreifen dazugeben und 3 Min. weiterbraten. Tomatenwürfel und Pinienkerne untermischen. Mit Salz, Pfeffer und jeweils 1 Prise **gemahlenem Zimt** und **rosenscharfem Paprikapulver** würzen. **5** Das Fleisch auf die Fladen verteilen, mit gehacktem Basilikum bestreuen und mit dem Kräuterjoghurt servieren.

* **Zubereitungszeit:** 40 Minuten
Pro Portion: 50 g E, 81 g F, 109 g KH = 1390 kcal (5818 kJ)

Blitz-Nudelauflauf

Schnell wie der Blitz – das Sprichwort könnte eigens für diesen Auflauf erfunden worden sein. Beim Essen werden Ihre Augen vor Freude blitzen

Für 6 Portionen:
400 g Farfalle
Salz
1 Zwiebel
2 rote Paprikaschoten (à 200 g)
150 g TK-Erbsen
2 El Öl
2 El krause Petersilie (gehackt)
Pfeffer
200 g Gouda (geraspelt)
5 Eier (Kl. M)
300 ml Schlagsahne
10 Scheiben Frühstücksspeck (ca. 200 g)

1 Nudeln in reichlich kochendem Salzwasser nach Packungsanweisung garen und abgießen. Zwiebel würfeln, Paprika waschen, vierteln, entkernen und in 1 cm große Würfel schneiden. Erbsen in ein Sieb geben, mit kochend heißem Wasser überbrühen und abtropfen lassen.

2 Öl in einer Pfanne erhitzen. Zwiebeln, Paprikawürfel und Erbsen zugeben und 2 Min. andünsten. Die Nudeln dazugeben und 1 Min. mitdünsten. Petersilie untermischen, mit Salz und Pfeffer würzen. Alles auf einem gefetteten Backblech (40 x 30 cm) verteilen. Mit Gouda bestreuen.

3 Eier, Sahne, etwas Salz und Pfeffer verquirlen und gleichmäßig über die Nudeln gießen. Mit Speck belegen und im vorgeheizten Ofen bei 250 Grad (Umluft 230 Grad) auf der 2. Schiene von unten 10 Min. backen.

* **Zubereitungszeit:** 35 Minuten
Pro Portion: 32 g E, 45 g F, 52 g KH = 747 kcal (3130 kJ)

DEN ERBSEN WIRD WARM UMS HERZ
Kaum aus dem Tiefkühler, schon auf dem Tisch: Gefrorene Erbsen lassen sich schnell auftauen, wenn man sie einfach mit heißem Wasser überbrüht.

Gebackene Kartoffelscheiben

Macht sich fast von selbst: Kartoffeln hobeln, mit Gewürzen und Fond in den Ofen schieben und kurz vor Gar-Ende mit Bröseln überbacken

Für 2 Portionen: 1 2 **Zwiebeln** halbieren und in feine Streifen schneiden. 400 g **mehligkochende Kartoffeln** schälen und in dünne Scheiben hobeln oder schneiden. Zwiebeln und Kartoffeln mit 200 ml **Gemüsefond**, etwas Salz, Pfeffer und 1 **Lorbeerblatt** aufkochen. In eine feuerfeste Form (ca. 14 x 14 cm und 5 cm Höhe) geben. **2** Im vorgeheizten Ofen bei 200 Grad (Umluft nicht empfehlenswert) auf der untersten Schiene 35 Min. backen. 2 El **Semmelbrösel** in ½ El **Butter** knusprig rösten. Nach 30 Min. auf die Kartoffeln streuen und 5 Min. mitbacken.

* **Zubereitungszeit:** 50 Minuten
Pro Portion: 5 g E, 5 g F, 33 g KH = 200 kcal (835 kJ)

Pikante Kopenhagener

Die Blätterteigschnitten schmecken als Beilage zu Eintöpfen genauso gut wie als kleines Mittag- oder Abendessen

Für 2–4 Portionen: 1 4 quadratische Scheiben **TK-Blätterteig** (à 40 g) auftauen lassen. 200 g **Spitzkohl** in feine Streifen schneiden, 20 g **getrocknete Tomaten** würfeln, beides in 1 El **Butter** andünsten. Von 2 **Frühlingszwiebeln** das Weiße und Hellgrüne in feine Ringe schneiden und zugeben. **2** Blätterteig auf ein mit Backpapier belegtes Blech setzen. Rundherum 1 cm vom Rand einritzen, aber nicht durchschneiden. 100 g **Kräuterfrischkäse**, 1 **Eigelb** (Kl. M) etwas Salz und Pfeffer verrühren. Spitzkohlmischung zugeben. In die Mitte der Blätterteigstücke geben. Im vorgeheizten Ofen bei 200 Grad (Umluft 180 Grad) auf der untersten Schiene 18–20 Min. backen.

- **Zubereitungszeit:** 40 Minuten
  Pro Portion (bei 4): 5 g E, 20 g F, 17 g KH = 272 kcal (1130 kJ)

Spanischer Nudelauflauf

Nudeln und Gemüse sind schnell gar, und bis die Eiermasse im Ofen gestockt ist, können Sie in aller Ruhe den kleinen Abwasch erledigen

Für 2–4 Portionen:
250 g Spiralnudeln
Salz
100 g Chorizo (in Scheiben)
125 g Chili-Gouda (in Scheiben)
400 g TK-Ratatouille-Gemüsemischung (oder eine andere Gemüsemischung)
4 Eier (Kl. M)
600 ml Milch
2 El edelsüßes Paprikapulver
Pfeffer
Butter für die Form

1 Nudeln nach Packungsanweisung in reichlich Salzwasser garen. Inzwischen Chorizo und Käse in feine Streifen schneiden und in eine Schüssel geben. Die Butter aus der Gemüsepackung dazugeben.

2 Eier und Milch mit 1 El Paprikapulver verquirlen, mit Salz und Pfeffer würzen.

3 1 Min. vor Ende der Garzeit die Gemüsemischung zu den Nudeln geben. Alles abgießen und gut abtropfen lassen. Mit den Zutaten in der Schüssel und 1 El Paprikapulver mischen.

4 Auf ein gefettetes Blech oder in eine flache Auflaufform geben, die Eiermilch gleichmäßig darübergießen. Im heißen Ofen bei 190 Grad (Umluft 180 Grad) auf der untersten Schiene 15 Min. backen.

* **Zubereitungszeit:** 35 Minuten
Pro Portion (bei 4): 33 g E, 44 g F
58 g KH = 765 kcal (3202 kJ)

GOUDA, MILD UND SCHARF

Der Schnittkäse kommt aus den Niederlanden und enthält 30–48 % Fett in der Trockenmasse. Junger Gouda schmeckt mild, je älter er wird, desto würziger und schärfer ist er. Für dieses Rezept aber muss es sogar Chili-Gouda sein – noch schärfer.

Romanesco-Quark-Gratin

Natürlich kann man das Quark-Gratin auch mit Blumenkohl zubereiten – aber schicker sieht es mit den grünen Röschen aus

Für 2 Portionen: 1 800 g **Romanesco** putzen, in Röschen schneiden und 4 Min. in kochendem Salzwasser garen. Abgießen und abschrecken. **2** 2 **Eigelb** (Kl. M), 75 g **Quark**, 1 El **Olivenöl**, 5 El **Milch** und 1 El gehackte **glatte Petersilie** verrühren. Salzen und pfeffern. 2 El **Mehl** unterrühren. 2 **Eiweiß** (Kl. M) mit 1 Prise Salz steif schlagen, unter die Masse heben. **3** Teig in eine ofenfeste Form (30 cm Ø) füllen. Romanesco auf dem Teig verteilen, salzen und pfeffern. Im vorgeheizten Ofen bei 210 Grad (Umluft nicht empfehlenswert) auf der 2. Schiene von unten 15 Min. backen.

* **Zubereitungszeit:** 25 Minuten **Pro Portion:** 21 g E, 13 g F, 20 g KH = 288 kcal (1210 kJ)

Porreegratin

Herzhaft, einfach und immer willkommen: überbackenes Porree-Möhrengemüse aus dem Ofen

Für 2 Portionen: 1 400 g **Porree** putzen, längs einschneiden, waschen und das Weiße und Hellgrüne in Ringe schneiden. 200 g **Möhren** schälen und in dünne Scheiben schneiden. Beides in 1 El **Öl** und 1 El **Butter** unter Rühren 2 Min. andünsten. 100 ml **Gemüsebrühe** und 50 g **Kräuterfrischkäse** zugeben, kurz aufkochen. Mit Salz, Pfeffer und **Muskat** würzen. **2** In eine flache Auflaufform (ca. 15 x 15 cm) geben. 50 g geriebenen **Gouda** darüberstreuen. Im vorgeheizten Ofen bei 220 Grad (Umluft 200 Grad) auf der 2. Schiene von unten 10–12 Min. überbacken.

* **Zubereitungszeit:** 30 Minuten **Pro Portion:** 12 g E, 27 g F, 6 g KH = 312 kcal (1306 kJ)

Apfel-Kartoffel-Gratin

Fruchtig-deftiger Sattmacher: Mit Wirsing und Schinken geschichtet schmurgelt diese Köstlichkeit 25 Minuten ihrem optimalen Biss entgegen

Für 4 Portionen: 1 250 ml **Schlagsahne**, 100 ml **Milch**, 4 **Eier** (Kl. M), etwas Salz, Pfeffer und **Muskat** verquirlen. **2** 300 g **Wirsingblätter** halbieren und in 3 cm breite Streifen schneiden. 4 Min. in Salzwasser kochen, abschrecken und abtropfen lassen. **3** 400 g große **festkochende Kartoffeln** schälen und in ca. 3 mm dicke Scheiben schneiden. 4 Min. in Salzwasser kochen, abschrecken und abtropfen lassen. Das Kerngehäuse von 1 **roten Apfel** mit dem Apfelausstecher entfernen. Apfel in dünne Scheiben schneiden, sofort mit 2 El **Zitronensaft** mischen. 200 g **gekochten Schinken** vierteln. **4** Wirsing, Kartoffeln, Schinken und Äpfel überlappend in eine gefettete Auflaufform (26 x 16 cm) schichten. 2 El gehackte **Haselnusskerne**, 2 El **Semmelbrösel** und 2 El zerlassene **Butter** mischen. Mischung über den Auflauf bröseln, mit der Ei-Sahne übergießen. Im vorgeheizten Ofen bei 200 Grad auf der 2. Schiene von unten 25 Min. backen (Umluft nicht empfehlenswert).

* **Zubereitungszeit:** 1:10 Stunden **Pro Portion:** 24 g E, 38 g F, 25 g KH = 546 kcal (2290 kJ)

Szegediner Pie

Deftiges Mett und Sauerkraut verbirgt sich unter einer milden Püreehaube

Für 2–4 Portionen:
1 1 **Schalotte** hacken, 1 **Apfel** fein reiben, beides in 30 g **Butter** andünsten, mit 2 El **rosenscharfem Paprikapulver** würzen, 400 g **Sauerkraut** und 100 ml **Weißwein** dazugießen und 10 Min. kochen. 100 g **Crème fraîche** dazugeben, weitere 3. Min. kochen. 1 kleine **Zwiebel** fein würfeln. 400 g **Mett** mit den Zwiebeln und 1 El gehacktem **frischem Majoran** mischen und über dem Kraut verteilen. **2** 1 Pk. **Kartoffelpüreepulver** (mit Milch, 3 Portionen) nach Packungsanweisung zubereiten, mit **Tabasco** würzen. Püree auf das Mett geben. 1 Tl Butter verteilen. Im vorgeheiztem Ofen bei 180 Grad (Umluft 160 Grad) auf der 2. Schiene von unten 20 Min. backen.

* **Zubereitungszeit:** 50 Minuten
Pro Portion: 22 g E, 35 g F, 23 g KH = 515 kcal (2156 kJ)

Ricotta-Tarte

Auf knisterndem Blätterteig ein luftiges Gemisch aus Ricotta und Sahne, dazu kandierte Früchte und Pistazien

Für 12 Stücke:

- 250 g TK-Blätterteig
- 500 g Ricotta
- 1 Tl abgeriebene Orangenschale (unbehandelt)
- 3 El Orangensaft
- 5 El Puderzucker
- 1 Pk. Vanillezucker
- 50 g Amarettini-Kekse
- 50 g kandierter Fruchtmix
- 250 ml Schlagsahne
- 1 Pk. Sahnesteif
- 2 El gehackte Pistazienkerne

1 Blätterteig auf einer Fläche ausbreiten und auftauen lasssen. Dann auf einer bemehlten Fläche 32 cm Ø groß ausrollen, in eine gefettete Tarteform (26 cm Ø) legen. Den Rand gut andrücken und leicht überlappen lassen, den Boden mehrfach mit einer Gabel einstechen. Im vorgeheizten Ofen bei 200 Grad (Umluft 180 Grad) auf der 2. Schiene von unten 15–17 Min. backen. In der Form abkühlen lassen.

2 Ricotta, Orangenschale, -saft, 4 El Puderzucker und Vanillezucker verrühren. 30 g Amarettini-Kekse zerdrücken. Fruchtmix sehr fein hacken. Beides unter den Ricotta heben. Sahne und Sahnesteif steif schlagen, ebenfalls unterheben. Auf den Boden streichen. Mit übrigen Keksen und Pistazien bestreuen, mit restlichem Puderzucker bestäuben. Am besten mit einem in heißes Wasser getauchten Messer schneiden. Dazu passt Pflaumenkompott (siehe unten).

* **Zubereitungszeit:** 40 Minuten (plus Auftau- und Kühlzeit)
Pro Stück: 6 g E, 20 g F, 21 g KH = 288 kcal (1204 kJ)

SCHNELLES PFLAUMENKOMPOTT

1 Glas Zwetschgen (720 g EW) abgießen, den Saft auffangen und mit 1 Zimtstange und 2 El Zucker aufkochen. 4 Tl Vanille-Puddingpulver und 2 El Rum (oder Orangensaft) glatt rühren, dazugeben, erneut kurz aufkochen. Zwetschgen wieder zugeben und warm oder kalt servieren.

IMPRESSUM

Redaktion Daniela Karpinski, Silke Propp-Frey, Sandra Rindchen, Wolfgang Zahner

Artdirection Hans-Jürgen Polster

Fotos Matthias Haupt

Rezepte Achim Ellmer (Ltg.), Diane Dittmer, Cornelia Dümling, Anne Haupt, Marion Heidegger, Kay-Henner Menge, Oliver Trific

Styling Isabel de la Fuente, Meike Graf, Anke Grelik, Imke Mohr, Dörthe Schenk, Michaela Suchy, Tanja Trific

Layout Anne Gerth, Gerd Giese, Anja Jung

Bildbearbeitung MWW Repro GmbH

Projektleitung Dr. Frank Stahmer

Sonderausgabe für den Bassermann Verlag, ein Unternehmen der Verlagsgruppe Random House GmbH, 81673 München

Alle Rechte bei Gruner + Jahr AG & Co. KG, Hamburg

Druck und Bindung Mohn media Mohndruck GmbH, Gütersloh

Printed in Germany

Alle Rechte vorbehalten

ISBN 978-3-8094-2275-4

817 2635 4453 6271

ACHT NEUE BÜCHER MIT VERDÄCHTIG LECKEREM INHALT

Erhältlich im Frischeregal Ihres Buchhändlers

ISBN 978-3-8094-2275-4

ISBN 978-3-8094-2278-5

ISBN 978-3-8094-2276-1

ISBN 978-3-8094-2277-8

Schnell!
Einfach!
Lecker!

ISBN 978-3-8094-2268-6

ISBN 978-3-8094-2270-9

ISBN 978-3-8094-2269-3

ISBN 978-3-8094-2271-6